소외와 가속

이 저서는 2018년 대한민국 교육부와 한국연구재단의 지원을 받아 수행된 연구임
(NRF—2018S1A6A3A03043497)

Alienation and Acceleration

후기 근대 시간성 비판

소외와 가속

하르트무트 로자 지음　김태희 옮김

앨
리피

모빌리티인문학 Mobility Humanities

모빌리티인문학은 기차, 자동차, 비행기, 인터넷, 모바일 기기 등 모빌리티 테크놀로지의 발전에 따른 인간, 사물, 관계의 실재적·가상적 이동을 인간과 테크놀로지의 공-진화co-evolution라는 관점에서 사유하고, 모빌리티가 고도화됨에 따라 발생하는 현재와 미래의 문제들에 대한 해법을 인문학적 관점에서 제안함으로써 생명, 사유, 문화가 생동하는 인문-모빌리티 사회 형성에 기여하는 학문이다.

모빌리티는 기차, 자동차, 비행기, 인터넷, 모바일 기기 같은 모빌리티 테크놀로지에 기초한 사람, 사물, 정보의 이동과 이를 가능하게 하는 테크놀로지를 의미한다. 그리고 이에 수반하는 것으로서 공간(도시) 구성과 인구 배치의 변화, 노동과 자본의 변형, 권력 또는 통치성의 변용 등을 통칭하는 사회적 관계의 이동까지도 포함한다.

오늘날 모빌리티 테크놀로지는 인간, 사물, 관계의 이동에 시간적·공간적 제약을 거의 남겨 두지 않을 정도로 발전해 왔다. 개별 국가와 지역을 연결하는 항공로와 무선통신망의 구축은 사람, 물류, 데이터의 무제약적 이동 가능성을 증명하는 물질적 지표들이다. 특히 전 세계에 무료 인터넷을 보급하겠다는 구글Google의 프로젝트 룬Project Loon이 현실화되고 우주 유영과 화성 식민지 건설이 본격화될 경우 모빌리티는 지구라는 행성의 경계까지도 초월하게 될 것이다. 이 점에서 오늘날은 모빌리티 테크놀로지가 인간의 삶을 위한 단순한 조건이나 수단이 아닌 인간의 또 다른 본성이 된 시대, 즉 고-모빌리티high-mobilities 시대라고 말할 수 있다. 말하자면, 인간과 테크놀로지의 상호보완적·상호구성적 공-진화가 고도화된 시대인 것이다.

고-모빌리티 시대를 사유하기 위해서는 우선 과거 '영토'와 '정주' 중심 사유의 극복이 필요하다. 지난 시기 글로컬화, 탈중심화, 혼종화, 탈영토화, 액체화에 대한 주장은 글로벌과 로컬, 중심과 주변, 동질성과 이질성, 질서와 혼돈 같은 이분법에 기초한 영토주의 또는 정주주의 패러다임을 극복하려는 중요한 시도였다. 하지만 그 역시 모빌리티 테크놀로지의 의의를 적극적으로 사유하지 못했다는 점에서, 그와 동시에 모빌리티 테크놀로지를 단순한 수단으로 간주했다는 점에서 고-모빌리티 시대를 사유하는 데 한계를 지니고 있었다. 말하자면, 글로컬화, 탈중심화, 혼종화, 탈영토화, 액체화를 추동하는 실재적·물질적 행위자agency로서의 모빌리티 테크놀로지를 인문학적 사유의 대상으로서 충분히 고려하지 못했던 것이다. 게다가 첨단 웨어러블 기기에 의한 인간의 능력 향상과 인간과 기계의 경계 소멸을 추구하는 포스트-휴먼 프로젝트, 또한 사물인터넷과 사이버 물리 시스템 같은 첨단 모빌리티 테크놀로지에 기초한 스마트시티 건설은 오늘날 모빌리티 테크놀로지를 인간과 사회, 심지어는 자연의 본질적 요소로 만들고 있다. 이를 사유하기 위해서는 인문학 패러다임의 근본적 전환이 필요하다.

이에 건국대학교 모빌리티인문학 연구원은 '모빌리티' 개념으로 '영토'와 '정주'를 대체하는 동시에, 인간과 모빌리티 테크놀로지의 공-진화라는 관점에서 미래 세계를 설계할 사유 패러다임을 정립하려고 한다.

이 책은 근대적 삶에 대한 하나의 시론試論이다. 따라서 과학적으로 나 철학적으로 흠 없이 엄밀하고자 하지 않는다. 그보다는 사회철학과 사회학이 물어야 할 '올바른' 질문을 던짐으로써, 후기 근대사회에서 사람들이 겪는 사회적 경험에 다시 접속하려 한다. 이 에세이의 토대에는 어떤 믿음이 있다. 그것은 사회과학이 사람들의 삶에 '공명'하는 물음, 학생들을 사로잡는 물음, 나아가 경험적 탐구를 유발하는 물음을 해야 한다는 믿음이다. 오늘날 사회학자, 철학자, 정치이론가는 자신에게도 감동을 일으키지 못하는 논쟁과 연구과제에 몰입하곤 한다. 사회학과 사회철학은 토마스 쿤Thomas Kuhn의 말처럼 패러다임 내부의 '수수께끼 풀기'에 열중하느라 대중에게 아무것도 주지 못한다. 그래서 나는 어떤 위험을 감지하고 있다. 후기 근대의 문화에, 학생과 예술가에게, 우리 사회의 운명과 미래를 근심하는 모든 이에게 통찰과 도전을 안겨 주는 주장이나 가설, 이론을 모두 잃어버릴 위험 말이다.

　이 책에서 나는 인간에게 단연코 가장 의미심장한 물음으로 돌아가려 했다. 그것은 바로 "좋은 삶이란 무엇인가?", 그리고 (나는 우리의 사적인 삶과 사회적 삶을 대부분 시급하게 재구성해야 한다는 일반적 상황을 일단 인정하기 때문에) "왜 우리는 좋은 삶을 살고 있지 않은가?"라는 물음이다. 우리 모두 알고 있듯이 첫 번째 물음에 답하는 것은 거의 불가능하다. 그래서 나는 두 번째 물음으로 시작할 것이다. 나는 이 두 번째 물음이야말로 비판이론의 모든 형태와 모든 세대의 핵심에 놓여 있다고 생각한다. 이 물음은 아도르노Theodor Adorno가 던졌던 것이며 벤야민Walter Benjamin과 마르쿠제Herbert Marcuse, 그리고 최근에는 하버마스Jürgen Habermas와 호네트Axel Honneth를 움직였다. 청년 마르크스Karl Marx에게 '파리 수고手稿'〔《경제학철학 수고》〕를 쓰게 한 것도 바로 이 물음이다. 나는 이 에세이를 통해 이러한 비판이론의 전통을 되살리고자 했다.

내 주장은 한마디로 이렇다. 우리 삶의 구조와 질을 검토하는 방식 중 한 가지는 '시간 양식'에 초점을 맞추는 것이다. 시간적 관점으로 접근하면 실로 삶의 모든 면에 대해 탁견을 얻을 수 있으며, 또한 시간 구조가 사회의 미시 차원과 거시 차원을 연결하기 때문이다. 우리의 행위와 지향은 시간 규범과 규제, 기한 등에 의해 근대 자본주의사회의 '체계의 명령'에 조율되고 순응한다. 윤리적 언어로 표현되지 않는, 팽팽하고 엄정한 '시간 체제'야말로 근대사회를 규제하고 조율하고 지배한다. 근대적 주체는 윤리적 규칙과 제재에는 거의 제한을 받지 않으며 따라서 '자유로운' 반면, 보이지 않고 탈정치화되었으며 토의되거나 이론화되거나 표현도 되지 않는 시간 체제로부터는 엄정한 규제와 지배와 억압을 받고 있다. 이 시간 체제는 단 하나의 단일하고 통일적인 개념으로 분석할 수 있다. 그것은 바로 사회적 가속 논리라는 개념이다.

1부에서 나는 근대의 시간 구조가 매우 특수하고 미리 규정된 방식으로 변화한다고 주장한다. 즉, 이러한 시간 구조는 근대성의 개념 및 본질과 떼어 놓을 수 없을 만큼 결합된 가속 과정의 규칙 및 논리의 지배를 받는다. 이런 주장은 이미 다른 곳에서 면밀히 전개했으므로(Rosa 2005a, 2003, Rosa and Scheuerman 2009) 이 책에서는 사회적 가속 이론을 간단히 요약하는 데 그칠 것이다.

2부에서는 우리 삶을 은밀하게 지배하는 시간 규범을 이해하고 비판적으로 분석하는 일이 비판이론의 초기 형태나 가장 지배적인 현대적 형태에서도 매우 중요하다는 주장을 펼친다. 좋은 삶을 누릴 역량을 저해하는 것이 (호네트의 견해처럼) 인정 구조의 왜곡이자 (하버마스의 견해처럼) 의사소통 구조의 왜곡임을 받아들인다면, 인정과 (정치적) 의사소통에서의 시간성을 검토함으로써 이러한 왜곡이 지닌 본성에 대해 귀중한 통찰을 얻을 수 있다. 따라서 나는 후기 근대의 인정 구조 및 의사소통 구조에 대한 모든 비판에서 사회적 가속이 '어떻게' 그리고 '왜' 중요한지 보여 주고자 한다. 하지만 나의 더 원대한 목표는 비판이론에서 호네트와 하버마스의 개념보다 훨씬 오래된 개념, 즉 마르크스와 초기 프랑크푸르트학파가 발전시켰으나 호네트와 하버마스는 포기한 어떤 개념을 재정립하는 것이다. 그것은 소외 개념이다.

나는 '전체주의' 모양새를 지닌 현재의 사회적 가속이 경험적으로 관찰할 수 있고 심각하기 짝이 없는 사회적 소외를 낳는다고, 또한 후기 근대사회에서 '좋은 삶'이라는 근대적 관념을 실현하는 데 있어 주요 장애물이 바로 이런 사회적 소외라고 주장한다. 이와 관련하여 (가장 중요한) 3부에서 '사회적 가속의 비판이론'이라는 관념을 요약하고, 여기에서 소외를 핵심 개념으로 활용하며 나아가 이데올로기와 허위욕구 개념도 재해석하고 활성화할 것이다.

그러나 앞서 말한 두 가지 주요 물음 중 첫 번째 물음을 회피하면 나의 이론은 신빙성을 잃을 것이다. 사회적 가속의 비판이론이 토대를 두고 있는 좋은 삶의 (암묵적) 관념은 무엇인가? 이 책 말미에서 나는 이 물음에 거꾸로 접근하고자 한다. 즉, 나는 '소외'를 좋은 삶의 부정이라는 의미로 사용하므로 이 첫 번째 물음은 "소외 아닌 것은 무엇인가?", "소외되지 않은 삶이란 무엇인가?"로 바꾸어 볼 수 있다.

오래전부터 소외 개념 자체를 비판하는 사람들은 어떤 소외는 사람의 삶에서 불가피하거나 심지어 바람직하다고, 따라서 소외를 근절하려는 이론이나 정책이야말로 위험할 뿐 아니라 잠재적으로 전체주의적이라고 올바른 지적을 해 왔다. 그러므로 이 책 말미에서는 소외에서 아예 벗어난 삶이라는 비전을 제시하기보다는 소외에서 벗어난 경험의 순간들을 포착해 보려 한다. 이를 통해 삶의 질을 평가하는 새로운 기준을 제공할 수 있기를 바란다. 이런 바람이 지나치게 낙관적이라면, 적어도 이런 순간들을 경험할 가능성을 약화시키는 경향과 구조를 비판이론이 확인할 수 있는 토대를 마련하는 데 도움이 되기를 바란다.

차례

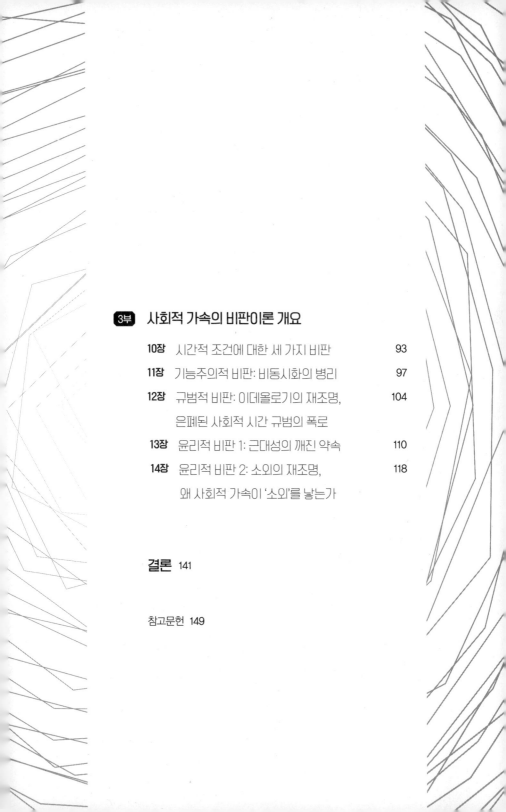

1부 사회적 가속 이론

1장
사회적 가속이란 무엇인가

대체 근대성이란 무엇인가? 나는 사회
학과 사회철학[1]이 근대화 경험에 대한 반응이라고 주장하려 한다.
이러한 사회적 사상들은 개인이 자신이 사는 세계의 극적 변화, 특
히 사회구조 및 사회적 삶의 극적 변화를 경험하면서 태동했다. 근

---

1 적어도 악셀 호네트(Axel Honneth 1994)의 정의를 따르면 그렇다. 사회이론을 근대화 경험
   에 대한 반응으로 재해석하는 것에 대해서는 다음을 참조하라. Rosa/Strecker/Kottmann
   2007.

대성과 근대화를 다룬 주요 문헌들은 이런 변화를 다양하게 해석하고 폭넓게 토론해 왔다. (베버Max Weber나 하버마스처럼) **합리화**로, (뒤르켐Émile Durkheim에서 루만Niklas Luhmannn에 이르는 이론들처럼) (기능적) **분화**로, (게오르크 지멜Georg Simmel과 최근의 울리히 벡Ulrich Beck처럼) **개인화**로, (인간의 생산성 상승과 도구적 이성의 출현에 주목하는 마르크스에서 아도르노와 호르크하이머Max Horkheimer에 이르는 이론가들처럼) **교화** 혹은 상품화로 해석하고 토론해 왔으며 각 개념에 대해서도 무수한 정의와 문헌과 논쟁이 이루어졌다.

그렇지만 표준적 사회학을 잠시 논외로 하고 근대에 대한 다양한 문화적 관찰을 검토해 보면, 이런 사회학 이론에 무언가 빠져 있음을 알게 된다. 셰익스피어에서 루소, 마르크스에서 마리네티Filippo Marinetti, 샤를 보들레르Charle Baudelaire에서 괴테J. W. von Goethe · 프루스트Marcel Proust · 토마스 만Thomas Mann에 이르는 저술가와 사상가들은 하나같이 사회적 삶의 가속을, 그리고 물질적 세계 · 사회적 세계 · 정신적 세계의 빠른 변형을 감지하고 경악과 걱정을 드러냈다.[2] 주변 세계의 가속에 대한 이러한 감각은 근대인을 늘 따라다녔다. 1999년 제임스 글릭James Gleick의 책《빨리빨리!Faster》는 (부제에서) "만물의 가속"을 말했고, 그보다 수년 전 더글라스 코플랜드Douglas Coupland의 유명한 소설《X 세대Generation X》는 (부제에서) "가속화된 문화에 대한 이야

---

2 이에 대한 참고문헌과 논의는 다음을 참조하라. Rosa 2005a: 71~88.

기들"을 소개했다. 이어서 피터 콘래드Peter Conrad는 두툼한 문화사 저술에서 "근대성은 시간의 가속이다"(Peter Conrad 1999:9)라고 했다. 또한 토마스 에릭슨Thomas H. Eriksen의 단호한 정의에 따르면 "근대성은 속도다"(Thomas H. Eriksen 2001: 159).

그렇다면 사회과학은 무슨 말을 할 수 있을까? 사실 시간 구조의 엄청난 변화에 대한 감각은 사회학의 '고전적' 이론에서 이미 나타난다. 가령 마르크스와 엥겔스Friedrich Engels는 《공산당 선언》에서 자본주의사회에서는 "단단한 것은 모두 녹아 공기 중으로 사라진다"고 선언한 바 있다. 지멜은 메트로폴리스에서의 삶(즉, 근대성)의 핵심 특징으로 신경과민이 늘어나는 것과 사회적 경험이 빠르게 변동하는 것을 들고 있다. 그리고 뒤르켐은 아노미 현상을 사회적 변화가 너무 빨라 새로운 도덕이나 연대 방식이 형성되지 못한 결과로 정의했고, 베버는 (벤저민 프랭클린Benjamin Fraklin을 따라서) 프로테스탄트 윤리를 일컬어 시간 낭비를 "최악의 대죄"로 간주하는 엄격한 시간 규율 윤리라고 정의했다.[3] 이러한 고전들은 적어도 부분적으로는 근대의 가속화에 대한 생생한 감각으로 이루어졌다. 그러나 그 이후 사회학은 정적靜的 개념에 의존하면서 매우 비시간적 학문이 되었다. 이런 개념들은 종종 전근대사회와 근대사회를 대조시키는 데 그친다. 마치 사회가 어느 날 문득 근대가 되고 그 후로는 계속 똑같

---

3 Weber(1930).

왔다는 듯이.

그러므로 진정 필요한 것은 사회적 가속에 대한 체계적 이론과 탄탄한 개념이며, 나는 여기에서 그중 하나를 제안하는 것이다.

이런 이론이 답해야 하는 가장 선명한 물음은 의외로 답변하기가 만만치 않다. 이와 관련한 사회학 문헌을 훑어보면 혼돈에 빠져 있다는 느낌을 피할 길이 없다. 근대사회에서 가속이란 **무엇**인가? 이 물음에 대하여 삶의 속도, 역사의 속도, 문화의 속도, 정치적 삶의 속도, 사회의 속도, 심지어 시간 자체의 속도가 빨라진다는 주장이 있다(예컨대 Gurvitch 1963; Schmied 1985; 86-90). 어떤 학자들은 근대에는 **모든 것**이 빨라진다고 단언한다. 그러나 분명한 것은, 어떤 의미로도 **시간**은 빨라질 수 없고 사회적 삶의 모든 과정이 빨라질 수도 없다. 아무리 시간이 빠르게 지나간다고 느끼더라도 한 시간은 한 시간이고 하루는 하루다. 임신, 독감, 계절, 배우는 시간 등도 빨라질 수 없다. 나아가 사회적 가속을 단수형으로 **하나**의 과정이라고 말할 수 있는지도 분명하지 않다. 우리에게 보이는 것은 서로 무관한 여러 가속 현상이기 때문이다. 예를 들어 스포츠, 패션, 영상, 교통, 이직 등이 그렇다. 뿐만 아니라 사회적 **감속** 혹은 경화 현상도 있다. 사회적 가속에 있어서 개념적으로 어려운 마지막 문제는, 사회적 가속이 사회 자체와 맺는 관계가 어떤 범주에 속하는가 하는 것이다. 사회적 가속은 사회 자체**의** 가속인가? 아니면 (어느 정도 안정적인) 사회질서 **안에서** 어떤 과정의 가속일 뿐인가?

이제부터 내가 제시하는 분석 틀에서 사회가 **가속**된다는 말의 의미와 서구 사회가 가속사회라는 말의 의미를 정의할 것이다. 이 정의는 적어도 원칙적으로는 이론적으로 주도면밀한 정의이자 경험적으로 입증 가능한(혹은 적어도 반증 가능한) 정의이다.

분명한 점은 **모든 것**을 빠르게 하는 단일하고 보편적인 가속 패턴은 없다는 것이다. 교통 정체처럼 어떤 것은 오히려 **느려진다**. 또 흔한 감기처럼 아무리 빨리 나으려고 해도 끈질기게 뻗대는 것도 있다. 물론 가속 개념을 적용할 수 있는 사회적 현상도 많다. 운동선수는 점점 빨리 달리고 헤엄친다. 패스트푸드, 스피드 데이트, 짧은 낮잠, 드라이브 스루 장례식은 일상적 행동을 빠르게 하려는 우리의 의지를 잘 보여 준다. 컴퓨터는 점점 더 빨리 계산하고, 교통과 통신의 소요 시간은 백 년 전보다 크게 줄었으며, 사람들은 잠을 점점 덜 자는 것 같고(일부 과학자에 따르면 평균 수면 시간은 19세기보다 2시간이나 줄었고 1970년대보다도 30분 줄었다(Garhammer 1999: 378)), 우리 이웃도 더 자주 이사 왔다가 다시 이사 간다.

물론 이런 변화가 우연이 아니며 어떤 체계적 패턴을 따른다는 것을 보여 줄 수는 있을 것이다. 그렇더라도 어떤 공통점 때문에 이렇게 서로 다른 과정들을 사회적 가속이라는 하나의 개념 아래 묶을 수 있는 것일까? 나는 이들 사이에 직접적인 공통점은 없다고 주장한다. 이런 광범위한 현상을 꼼꼼히 들여다보면 분석적으로나 경험적으로 세 범주로 구분할 수 있다. 기술의 가속, 사회 변화의 가속, 생활속도의 가속이 그것이다. 먼저 가속의 세 범주를 소개한 뒤, 상이한 가속 영역 사이의 관계를 검토하고 그 뒤에 놓인 메커니즘 혹은 동력을 살펴보겠다. 2장과 3장에서는 '가속사회'에 대한 사회학적 분석에서 나타나는 몇 가지 문제를 검토할 텐데, 그 문제들은 속도가 빨라지지 않고 일정하거나 심지어 느려지는 사회적 현상까지 설명해야 한다는 데에서 기인한다.

1. 기술의 가속

첫 번째는 가장 선명하게 드러나고 측정이 수월한 가속 형태이다. 그것은 교통, 통신, 생산에 있어서 **목표지향적** 과정을 의도적으로 가속하는 것으로서 **기술의 가속**으로 정의할 수 있다. 나아가 이런 과정을 가속하려는 의도에서 만들어진 새로운 조직 및 관리 형태도 기술 가속의 사례, 즉 의도적이고 목표지향적인 가속의 사례이다. 비록 이런 과정의 (가속의 사회적 영향을 분석하는 데 있어 최대 속도보다 훨씬 중요한) 평균속도를 계측하는 일이 쉽지는 않지만, 이 영역의 일반적 추세는 분명하다. 통신 속도는 10^7배, 승객 운송 속도는 10^2배, 데이터 처리 속도는 10^{10}배 빨라졌다(Geißler 1999: 89).

폴 비릴리오Paul Virilio의 "질주학"은 교통 혁명에서 전송 혁명을 거쳐 새로운 생명기술의 가능성에서 움트는 임박한 "이식" 혁명으로 나아가는 역사적 가속의 서사이며, 그 핵심은 대체로 기술의 가속이다 (Virilio 1997: 9-15). 기술의 가속이 사회적 현실에 끼치는 영향은 실로 어마어마하다. 이로 인해 특히 사회의 '시공 체제', 즉 사회적 삶에서 시공간 지각 및 시공간 조직은 완벽하게 탈바꿈했다. 원래 인간의 지각에서 공간은 '자연적으로'(즉, 인간학적으로) 시간보다 우위에 있었다. 공간의 우위가 지닌 깊은 뿌리는 인간의 감각기관의 특징과 중력의 영향 때문에 우리가 '위와 아래'나 '앞과 뒤'는 곧바로 분간하지만 '먼저와 나중'은 그렇지 못하다는 데서 알 수 있다. 그러나 이제 공간과 시간의 우열은 전도된 듯 보인다. 지구화 시대, 그리고 무장소적 인터넷 시대에 시간은 공간을 점점 짓누르고 심지어 없애 버린다(가령 Harvey 1990: 201-210 참조). 교통과 통신의 속도에 의해 공간은 말 그대로 "압축"되는 것처럼 보인다. 가령 런던과 뉴욕 사이의 거리를 두 도시를 가로지르는 데 걸리는 시간으로 재어 본다면, 이 공간은 산업혁명 이전 범선 시대에서 항공기 시대로 오면서 60분의 1 이하로 줄어들었다. 3주에서 8시간으로 줄어든 것이다.

이 과정에서 공간은 후기 근대 세계의 방향성에 있어서 여러 면에서 중요성을 잃고 있다. 과정과 사건에는 이제 어떤 장소가 없다. 호텔·은행·대학·공업지대 같은 실제 장소는 '비장소', 즉 역사나 정체성과 관계가 없는 장소가 되곤 한다(Augé 1992).[4]

2. 사회 변화의 가속

18세기 이래로 서구 문화의 역동화를 목도해 온 소설가, 과학자,

---

4 그러나 하비(David Harve)는 거꾸로 시간의 공간화를 지적하면서 공간을 소홀히 해서는 안 된다고 권고한다(Harvey 1991: 272 이하).

언론인, 그리고 평범한 사람들이 걱정했던 것은 대개는 스펙터클한 기술적 진보가 아니었다. 이들은 사회 변화의 가속에 혼란을 느꼈다. 이로 말미암아 사회적 상황과 구조, 행동 및 방향성의 패턴이 불안정해지고 수명이 짧아졌다. 사회적 교류 방식, 행동 방식, (실용적으로 중요한) 지식 내용이 변형되는 것이야말로 사회적 가속의 두 번째 범주, 즉 사회 변화의 가속의 특징이다.

첫 번째 범주에 속하는 현상이 사회 **안에서의** 가속인 반면, 두 번째 범주에 속하는 현상은 사회 자체**의** 가속으로 분류될 수 있다. 그 배경에는 변화 속도 자체가 변화하고 있다는 생각이 자리하고 있다. 태도와 가치, 패션과 라이프스타일, 사회적 관계와 의무, 나아가 집단, 계급, 환경, 사회적 언어, 행동 방식, 습관 등도 점점 빠르게 변하고 있다는 것이다. 그래서 아르준 아파두라이Arjun Appadurai는 사회적 세계가 **지도** 위에 자리 잡은 안정적인 사회집단들로 이루어져 있다는 상징을 포기하고, 유동적이고 깜빡거리는 스크린들이라는 발상을 들여온다. 이 스크린에 비치는 문화적 흐름들은 단지 점적點的으로 결정화되어 "민족경관", "기술경관", "금융경관", "매체경관", "이념경관"이 될 뿐이다(Appadurai 1990).

그러나 사회 변화의 속도를 경험적으로 계측하는 데에는 여전히 풀리지 않는 어려움이 있다. 특히 변화를 나타내는 적절한 지표가 무엇이고 이러저러한 변동이나 변이가 언제부터 진정한 사회 변화 혹은 '근본적' 사회 변화라고 할 수 있는지에 대한 사회학계의 합의가 거의 없기 때문이다.[5] 그래서 나는 사회적 가속의 체계적 사회학을 전개하기 위해 '현재의 수축'이라는 개념을 변화 속도의 경험적 계측 척도로 삼아야 한다고 제안한다. 철학자 헤르만 뤼베Hermann Lübbe가 발전시킨 이 개념에 따르면, 서구 사회는 문화 혁신과 사회 혁신의 가속으로 인해 계속해서 **현재의 수축**을 겪고 있다(Lübbe 2009). 그의 척도는 단순하면서도 유익하다. 뤼베가 보기에 **과거란 더는 유효하지 않은 것**으로 정의되고, **미래란 아직 유효하지 않은 것**을 뜻한다. 그렇다면 현재는 (라인하르트 코젤렉Reinhart Koselleck(2009)이 발전시킨 아이디어를 활용하자면) 경험지평과 예상지평이 만나는 시간 구간이다. 오로지 어느 정도 안정적인 이 시간 구간에서만 과거 경험에 의지하여 행동 방향을 설정할 수 있고, 과거에서 미래로 나아가며 어떤 결론을 추론할 수 있다. 그리고 오직 이 시간 구간에서 방향성, 가치 평가, 예상의 확실성이 어느 정도 담보된다. 그렇다면 **사회적 가속은 경험 및 예상이 지니는 신빙성의 빠른 쇠퇴로, 그리고 '현재'로 정의되는 시간 구간의 수축으로 정의된다.** 이제 우리는 이러한 안정이나 변화의 척도를 온갖 사회적·문화적 제도 및 실천에 적용할 수 있다. 현재의 수축은 정치적 차원과 직업적 차원, 기술적 차원과 심미적 차원, 규범적 차원과 과학적 혹은 인지적 차원에서, 그러니까 문화적

---

5 다음을 참조하라. Sztompka 1994; Müller and Schmid 1995; Laslett 1988. 피터 라스렛Peter Laslett은 내재적 사회 변화(경제적, 정치적, 문화적 변화 등)의 상이한 속도를 19가지(!)로 구분한다.

측면과 구조적 측면 모두에서 일어난다. 어림짐작으로 시험해 보려면, 자신의 일상적이고 실용적인 지식이 얼마나 빨리 쇠퇴하는지 생각해 보라. 친구의 주소와 전화번호, 가게 개점 시간과 사무실 업무 시간, 보험료와 통신 요금, 텔레비전 스타와 정당과 정치인의 인기, 사람들의 직업과 이들이 맺는 여러 관계 등에서 안정적이라고 할 만한 시간 구간은 어느 정도인가?

그런데 이러한 수축의 감각을 어떻게 경험적으로 입증할 수 있을까? 생산 및 재생산 과정을 조직하는 제도들을 기준으로 시작할 수 있을 것이다. 이것들이 사회의 기본 구조를 형성하기 때문이다. 서구 사회의 초기 근대부터 이러한 제도들은 기본적으로 가족 및 직업 체계를 망라한다. 실로 사회 변화에 대한 연구는 대부분 정치제도 및 기술과 더불어, 가족 및 직업 체계라는 이들 영역에 집중한다. 나는 뒤에서 기술 변화와 사회 변화, 기술의 가속과 사회 변화의 가속이 어떻게 상호 연관되는지도 살펴볼 텐데, 이 자리에서는 가족과 직업이라는 두 영역에서의 변화가 가속되어 왔음을 확인하려 한다. 초기 근대사회의 **세대 간적** 속도에서 (대략 1850년에서 1970년에 이르는) '고전적 근대'의 **세대적** 속도를 거쳐 후기 근대에는 **세대 내적 속도**로 변화가 일어났다. 농업사회에서는 세대가 바뀌어도 기본 구조는 그대로였고 이념형(사회학자 막스 베버의 개념으로, 경험적 대상들을 이론화할 때 활용되는 표준 형태의 추상적 개념을 뜻한다)을 따르는 가족 구조가 수백 년 동안 안정적으로 머무는 경향이 있었다. 고전적 근대에는 이 구조가 형성되고 겨우 한 세대 정도 유지되었다. 가족은 부부

중심으로 조직되고 그들이 사망하면 해체되곤 했다. 후기 근대에는 가족의 삶의 순환이 개인의 삶보다 짧아지는 경향이 커지고 있다. 이혼과 재혼의 증가가 이런 경향의 가장 명백한 증거이다(Laslett 1988: 33).

이와 비슷하게 직업 세계에서도 전근대사회와 초기 근대사회에는 아들이 아버지 직업을 승계했고, 이런 일이 여러 세대 동안 이루어지기도 했다. 고전적 근대에는 세대가 바뀌면 직업 구조가 변하곤 했다. 아들은 (그리고 나중에는 딸도) 자유롭게 직업을 선택하게 되었는데, 보통 평생 동안 한 번만 선택했다. 이에 비해 후기 근대에는 더 이상 직업이 평생의 노동 기간 내내 유지되지 않는다. 직업이 세대보다 빠르게 바뀌는 것이다. 리처드 세넷Richard Sennet에 따르면, 고등교육을 받은 미국 노동자는 평생 직업을 11번 정도 바꾼다(Sennet 1998: 25). 그래서 다니엘 코엔Daniel Cohen은 "마이크로소프트가 첫 직장인 사람은 거기에서 퇴직하겠다는 생각을 전혀 하지 않는다. 그러나 포드나 르노가 첫 직장이었던 사람은 거의 틀림없이 거기에서 퇴직했다"고 결론 내린다.[6]

이런 의미에서 나의 주장을 더 일반화한다면, 사회의 제도 및 실천의 안정성은 사회 변화의 가속(혹은 감속)을 재는 척도가 될 수 있다. 페터 바그너Peter Wagner · 지그문트 바우만Zygmunt Bauman · 리처드 세넷 · 울리히 벡 · 앤서니 기든스Anthony Giddens · 스콧 래시Scott Lash 등의

---

6 Bauman 2000:1160에서 재인용.

연구는 후기 근대사회에서 일반적으로 제도적 안정성이 약화되고 있다고 주장하면서, 이를 이론적이고 경험적인 근거로 뒷받침하고 있다(Wagner 1994, Beck/Giddens/Lash 1994, Bauman 2000). 어떤 의미로는 '포스트모더니티' 및 우연성에 관한 담론은 모두 이런 생각에 기반한다. 물론 이 책의 맥락에서는 이런 생각이 그 다음의 경험적 연구를 시작하기 위한 기점일 뿐이다.

3. 생활속도의 가속

사회적 가속에서 가장 절박하면서도 놀라운 측면은 근대 (서구) 사회에서 극적이고 유행병처럼 나타나는 '시간의 궁핍'일 것이다. 근대사회의 행위자는 자신에게서 시간이 빠져나가고 시간이 부족해진다는 느낌을 점점 더 강하게 받는다. 시간은 마치 석유처럼 소비되는, 그래서 점점 더 희소하고 비싸지는 원자재처럼 인식된다. 시간을 이렇게 인식하는 것은 서구 사회의 세 번째 가속 유형에서 핵심이다. 이 유형은 앞선 두 유형으로부터 논리적으로나 인과적으로 저절로 도출되지 않는다. 오히려 언뜻 보기에 기술의 가속에도 불구하고 이처럼 시간이 부족하다는 것은 역설적이다. 이 세 번째 범주는 바로 **(사회적) 생활속도의 가속**이다. 이러한 주장은 근대화 과정에서 되풀이되었다(예컨대 게오르크 지멜(1971, 1978: 470-512), 최근에는 로버트 레빈Robert Levine(1997)이 주장했다). 이것은 **하나의 시간 단위에서 행위나 경험의 일화들이 늘어나는 것**으로 정의될 수 있다. 그리고 이는 **더 적은 시간에 더 많은 일을 하려는** 소망이나 욕망에서 나오는 결과이다. 이것 자체가 문화적 가속에 관한, 그리고 이른바 감속 욕구에 관한 수많은 논의에서 핵심 논점이다.

하지만 생활속도를 어떻게 측량할 수 있는가?[7] '주관적' 접근을 따르거나 '객관적' 접근을 따를 수 있을 텐데, 둘을 조합하는 것이 가장 유망한 노선일 것이다. '주관적' 측면에서는 (생활속도 자체가 아니라) 생활속도의 **가속**이 개인의 시간 경험에 미치는 영향이 쉽게 드러난다. 이로 인해 사람들은 시간이 희소하다고 생각하게 되고 조급해지며 시간적 압박과 스트레스를 받는다. 시간이 예전보다 더 빨리 간다고 느끼고 '모든 것'이 너무 **빠르게** 진행된다고 불평하며, 사회적 시간의 속도에 보조를 맞출 수 없다는 걱정이 커진다. 그러나 18세기 이래로 근대에 늘 이런 불만이 있었다고 해서 생활속도가 언제나 빨랐음이 입증되는 것은 **아니다**. 이는 생활속도 '자체'를 규정하는 데 도움이 되기보다는 생활속도의 점진적 **가속**을 암시한다. 예상할 수 있듯이 여러 경험적 연구에 따르면, 서구 사회에서 사람들은 정말로 무거운 시간의 압박을 느끼고 시간이 모자란다고 불평한다. 이런 느낌은 최근 수십 년간 강해졌다(Geißler 1999: 92, Garhammer

---

7 미국 사회학자 로버트 레빈을 비롯한 연구진은 경험적 연구의 일환으로 문화횡단적 비교 연구를 진행하면서 생활속도를 드러내는 세 가지 지표를 활용했다. **도시에서 보행 속도, 우체국에서 우표 구매 소요 시간, 공공장소 시계의 정확성**이 그것이다. 나는 이런 접근이 여러 이유에서 기껏해야 대략적이고 예비적인 시도일 뿐이라고 말한 바 있다(Rosa 2001). 이런 접근은 후기 근대의 시간 구조에 대한 철저한 사회학적 분석의 도구로는 매우 불충분하다.

1999: 448-455, Levine 1997: 196 이하).[8] 따라서 '디지털 혁명'과 지구화 과정이 사회적 가속의 또 다른 물결을 일으켰다는 주장은 설득력이 있다.

'객관적' 측면에서는 '생활속도'의 가속을 두 가지 방식으로 측정할 수 있다. 첫째, '생활속도'의 가속으로 인해 (식사, 잠, 산책, 놀이, 가족의 대화 등) 정의 가능한 행위 일화 혹은 행위 '단위'에 사용되는 시간이 측정 가능할 정도로 줄어든 것을 들 수 있다. '가속'은 우리가 **더 적은** 시간 동안 **더 많은** 일을 함을 뜻하기 때문이다. 이 영역에서 시간 사용에 관한 연구는 꽤 의미심장하며 몇몇 연구는 많은 증거를 찾아냈다. 예를 들어, 우리는 이전 세대보다 밥을 빨리 먹고 잠을 덜 자고 가족과 대화를 덜 하는 경향이 있다.[9] 하지만 이런 결과는 매우 조심스럽게 해석해야 한다. 그 이유는 첫째, 시간 사용에 대한 종단 연구가 극히 제한적이기 때문이다. 둘째, 늘 반례가 있고(예를 들어, 적어도 일부 서구 사회에서는 아버지가 아이와 보내는 시간이 현저하세 늘어나고 있다) 이런 반례의 의미가 적절하세 규정되지 않기 때문이다. 셋째, 이렇게 측정되는 가속의 **동력**이 무엇인지 종종 불분명하기 때문이다(가령 요즘 사람들이 이전 세대보다 평균적으로 잠을 덜 자는 것은 그저 그들이 이전보다 더 오래 살기 때문이거나 육체적으로 힘든 일을 덜 하기 때문일 수도 있다).

---

8 이에 반대되는 증거는 John P. Robinson and Geoffrey Godbey(1996)에서 제시되었다. 그러나 이 연구는 다소 일회적인 예외로 보인다.

9 이 증거에 대한 개요는 다음을 참조하라. Rosa 2005a: 199-213.

생활속도의 가속을 '객관적으로' 탐구하는 두 번째 방식은 행위와 경험을 '압축'하는 사회적 경향, 즉 주어진 시간 동안 더 많은 일을 하고 더 많은 것을 경험하는 사회적 경향을 측정하는 것이다. 한편으로는 휴식이나 빈 시간을 줄이고, 다른 한편으로는 (요리, 텔레비전 시청, 통화를 동시에 하듯이) 여러 일을 동시에 해치우는 것 말이다. 이 중 두 번째 전략은 '멀티태스킹Multitasking'이라고 불린다(Benthaus-Apel 1995).

　이처럼 '생활속도'가 일상생활의 행위와 경험의 속도나 압축을 뜻한다면, 이것이 기술의 가속과 어떤 연관이 있는지 어떻게 알 수 있을까? 기술의 가속은 시간 단위당 '산출량' 증가로 정의할 수 있다. 예를 들어 1시간에 몇 킬로미터를 가는지, 1분에 데이터를 몇 바이트 전송하는지, 하루에 자동차를 몇 대 생산하는지 등이다(그림 1 참조).

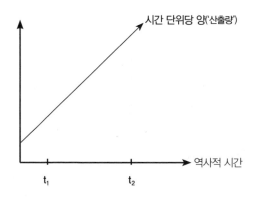

그림 1: 시간 단위당 양의 증가로서의 기술의 가속. t_1과 t_2는 유동적이다. 1시간에 몇 킬로미터를 가는지로 측량하는 교통 속도라면 각각 1800년과 1960년일 수 있고, 컴퓨터 처리 속도라면 1960년과 2000년일 수도 있다.

기술의 가속이 일어나면 (그리고 과제나 행위의 양은 변하지 않는 다면) 일상적인 일, 생산 행위와 재생산 행위, 교통과 통신 등에 드는 시간은 줄기 마련이다(그림 2 참조).

논리적으로 보면, 기술의 가속으로 인해 자유로운 시간은 증가해야 한다. 자유시간의 증가는 생활속도를 **느리게** 하거나 적어도 시간 궁핍을 없애거나 누그러뜨릴 것이다. 기술의 가속 덕분에 주어진 과제를 수행하는 데 시간이 덜 들게 되므로 시간은 **풍부해져야** 한다. 그런데 이와 반대로 근대사회에서 시간이 점점 **빠듯**해지고 있다면, 이 역설적 결과에 대한 사회학적 설명이 필요하다.[10]

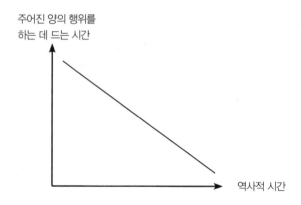

그림 2: 기술 가속의 시대에 행위의 특정 양. 가령 10킬로미터 가기, 책 1권 복사하기, 메시지 10건에 답변하기 등을 수행하는 데 드는 시간 자원 (그림 1과 비교하라).

10　이에 대한 자못 흥미로운 경제적 설명은 Linder 1970을 보라.

이에 답변하기 위해 우선 예상되는 시간 풍요 혹은 감속에 어떤 조건이 필요한지 따져 보자. 앞서 말한 것처럼, 일상생활의 **과제 양이 동일하다**는 조건에서는 이 과제들을 이행하는 데 드는 시간 자원은 크게 줄어든다. 하지만 실제로 그런가? 이메일 기술이 우리의 시간 예산에 어떤 영향을 미쳤는지 생각해 보자. 이메일을 한 통 쓰는 것이 재래식 편지를 한 장 쓰는 것보다 2배 정도 빠르다고 가정하면 꽤 정확할 것이다. 1990년에 평일 기준 하루에 편지를 10장 쓰고 받았고 이를 위해 총 2시간을 일했다고 가정해 보면, 새로운 기술의 도입으로 이제 서신 교환에 매일 1시간만 필요하다. 보내고 받는 메시지 양이 동일하다면 말이다. 그렇다면 '자유로운 시간'이 1시간 생겨나서 다른 일에 쓸 수 있다. 이런 일이 일어났던가? 그렇지 않다. 우리가 읽고 보내는 메시지가 2배로 많아진다면 매일 서신 교환에 드는 시간은 이전과 똑같다.[11] 그러나 당신은 매일 40개나 50개, 심지어 70개의 이메일을 읽고 쓸지도 모른다. 소통 업무에 드는 시간이 인터넷 발명 전보다 더 많아지는 것이다. 이런 일은 백 년 전 자동차가 처음 등장했을 때에도, 나중에 세탁기가 발명되었을 때에도 일어났다. 물론 우리가 이전과 같은 거리를 이동한다면, 그리고 이전과 같은 빈도로 빨래를 한다면 자유로운 시간 자원을 꽤 얻었을 것이다.

---

11 물론 이러한 계산은 잘못이지만 이 대목에서는 그 점을 무시하려 한다. 이메일 한 통을 쓰고 보내는 것이 편지 한 장을 쓰고 보내는 것보다 시간이 절반밖에 안 든다고 하더라도 그 내용을 **생각하고 숙고하는 일**은 그만큼 빨라지지 않을 수 있다. 아마 이 점이 수많은 사람들이 이메일 업무에 압도되고 스트레스를 받는다고 말하는 이유를 잘 설명해 줄 것이다.

그러나 우리는 그러지 않았다. 이전에는 평생 반경 몇 마일 안에서 이동했지만, 이제는 일을 하거나 즐기기 위해 몇 백 마일을 자동차로, 심지어 비행기로 이동한다. 백 년 전에는 한 달에 한 번(혹은 그보다 더 드물게) 옷을 갈아입었지만, 이제는 매일 갈아입는다.

〈그림 3〉은 기술의 가속과 양적 성장률의 이러한 관계를 뚜렷하게 보여 준다. 산업화 이래 거의 모든 기술적 발명의 역사에서 이런 일이 거의 같은 방식으로 일어났다. 성장률이 가속률을 넘어서고 따라서 기술 가속률의 증가에도 **불구하고** 시간은 점점 부족해진다. 그러므로 우리는 근대사회를 '가속사회'라고 규정한다. 근대사회의 특징은 인상적인 기술 가속률에도 불구하고 생활속도가 빨라진다

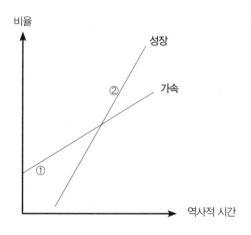

그림 3: '자유로운 시간'① 혹은 '시간 궁핍'②은 성장률과 가속률의 관계에서 나온다. ①은 생활속도의 감속을 나타내고 ②는 생활속도의 가속을 나타낸다. 만일 두 비율이 (교차점에서) 동일하다면. 기술 가속에도 불구하고 생활속도는 변함이 없다. '가속사회'에서는 성장률이 가속률을 조직적으로 넘어선다.

(혹은 시간이 부족해진다)는 것이다. 이런 일이 왜 일어났는가? 여기에 답하기 위해 다음 장에서 근대의 사회적 가속을 일으키는 동력을 간략하게 살펴보자.

2장

사회적 가속의 동력

근대사회에서는 성장과 가속이 매우 치명적인 방식으로 결합되었다. 앞에서 보았듯, 통념과 달리 기술 자체가 사회적 가속의 원인은 아니다. 이 점은 앞의 이메일 사례에서 알 수 있다. 기술 자체가 나로 하여금 매일 더 많은 메시지를 읽고 쓰도록 강요하거나 유도하는 것은 아니다. 물론 기술이 업무량 증가를 **가능하게 하는 조건**이기는 하지만 말이다. 이는 역사적 증거를 봐도 알 수 있다. 산업화 및 디지털화의 기술혁명들 자체가 사실 근대사회의 시간 허기에 의해 추동된 것이다. 이러한 기술혁명들은 시간 희소성이라는 문제의 심화에 대한 **응답**이었다. 철도나 자동차는 물론이고 증기기관이나 전신보다도 훨씬 이전 초기 근대의 사람들은 교통·생산·통신의 과정을 빠르게 만들려고 노력을 기울였다. 마차를 끄는 말을 더 자주 교체하거나, 소식을 전하는 전령이 쉬기도 하고 잠도 자야 하므로 한 명이 아니라 여러 명을 보내는 식으로(다음을 참조하라. Koselleck 2009; Virilio 2006). 따라서 우리는 속도의 동력을 기술 자체가 아닌 다른 곳에서 찾아야 할 것이다. 아래에서 나는 근대가 이 집요한 가속 과정에 어떻게 포박되었는지에 대하여 세 가지 답변을 제시할 것이다. 이 답변들은 경험적으로는 관련되지만 분석적으로는 서로 구별되는 것이다.

ⓐ 사회적 동력: 경쟁

근대사회에서 가속과 성장을 추동하고 연결하는 메커니즘을 찾는 데 있어, 자본주의경제의 근본 원리와 이윤 법칙이 중요하다는 것은 의심의 여지가 없다. 벤저민 프랭클린의 유명한 격언처럼 시간과 돈을 단순하게 동일시하는 것은 여러 면에서 적합하다. 첫째, 노동시간이 핵심적 생산요소이므로 시간 절약은 비용 절감과 경쟁 우위 획득을 위한 단순하면서도 직접적인 수단이다. 둘째, 신용과 이자의 원리로 인하여 투자자는 수익 및 자본 순환의 속도를 높이고자 하는데, 이는 생산뿐 아니라 순환과 소비도 가속시킨다. 마지막으로 생산과정이나 생산품의 혁신에서 경쟁자보다 시간적으로 앞서는 것은 추가 이윤을 얻는 필수 수단이며, 이러한 추가 이윤은 기업의 경쟁력 유지에 반드시 필요하다. 그러므로 일반적으로 사회적 가속은, 특히 기술의 가속은 경쟁적인 자본주의 시장 체계의 논리적 귀결이다.

그러나 근대사회에서 경쟁 원리는 (성장 위주의) 경제 영역 바깥에서도 나타난다. 이 원리는 그야말로 사회적 삶의 모든 영역에서 지배적인 분배 방식이며, 따라서 탤컷 파슨스Talcott Parsons의 주장처럼 근대성을 규정하는 핵심 원리이다.

모든 사회는 자원 · 재화 · 부를 분배하고 나아가 특권과 지위, 사회적 신분과 인정을 분배하는 방식을 찾아내고 정당화해야 한다. 전근대사회 및 비근대 사회에는 다양한 분배 방식이 있다. 가장 일반적인 방식은 소속 집단으로 분배 패턴을 규정하는 것이다. 당신이 왕이나 소작농이나 기사로 태어났다면 당신의 신분, 마땅히 받아야 할 인정, 누릴 수 있는 특권과 권리, 받을 수 있는 재화 등은 출생과 동시에 아예 정해진다. 서구 근대성의 시각에서 본다면, 이것은 기능적인 면에서 효율적이지 않고 지배적 정의 원리 면에서 정의롭지도 않다. 따라서 근대사회의 사회적 삶의 거의 모든 영역에서 기본적이고 지배적인 분배 원리는 경쟁 논리이다. 경제나 스포츠 분야는 더 말할 것도 없고 정치(권력의 특권과 지위는 선거의 경쟁에서 이긴 인물이나 정당에 주어진다), 과학(교수나 책임연구원 자리, 그리고 학술 프로젝트 자원은 경쟁적 투쟁을 통해 획득된다), 예술(자유로운 시장에서 입장권이나 책이나 음반을 더 많이 팔아서, 혹은 심사위원을 설득시켜서 경쟁자를 이겨야 한다), 심지어 종교(교파나 교회는 신자를 두고 경쟁한다)에서도 타당하다.

역사적으로 보면 1648년 이후 베스트팔렌 체제에서 민족국가들의 군사적·정치적 경쟁은 유럽에서 기술, 경제, 인프라, 과학의 혁신을 가속하는 주원인 중 하나였다(Rosa 2005a: 311-332). 나아가 개인들도 학위, 직장 내 위치, 소득, 과시적 소비재, 자녀의 성공을 둘러싸고 끊임없이 쟁투를 벌일 뿐만 아니라, 가장 중요하게는 배우자와 친구를 찾고 유지하기 위해 경쟁을 한다. 신문에 자동차, 일자리, 부동산 광고와 함께 친밀한 관계를 맺을 사람을 찾는 광고가 실리는 것은 우연이 아니다. 그리고 우리는 이러한 사회적 관계를 둘러싼 투쟁에서 언제든 자신이 '경쟁력'을 잃을 수 있다는 것을 잘 알고 있다. 친절하고 흥미롭고 재미있고 매력적인 용모임을 스스로 입증하지 못하면 친구들, 그리고 친척들까지 금방 멀어질 것이다. 이는 친구 숫자를 세고 사람들의 이미지에 대해 (신체적) 매력의 관점에서 점수를 매기는 '페이스북', '마이스페이스', '트위터', '핫오어낫' 같은 웹사이트에서 가장 잘 드러난다. 후기 근대의 경쟁적인 사회적 투쟁이 여기에서 다소 기괴한 모습으로 나타나는 것이다. 곧, 근대사회에서 개인이 차지하는 '위치'는 출생에 의해 미리 결정되지 않고, (성인의) 생애 동안 안정적이지 않으며, 지속적인 경쟁에 의한 협상과정에 놓여 있다.

그런데 경쟁에서 승패를 결정하고 차별화하는 원칙은 **성과**이므로, 시간과 가속 논리는 근대의 중심적 분배 방식에 직접 통합된다.

성과는 **시간당 노동 혹은 일**(물리학에서처럼 힘=일/시간)로 정의된다. 그래서 가속과 시간 절감은 경쟁 우위를 획득하며, 혹은 (다른 사람들도 다 그렇게 한다면) 적어도 지금의 위치를 유지하는 데 직접적으로 이바지한다. 경쟁의 사회적 논리에 따르면, 경쟁하는 사람들은 경쟁력을 유지하기 위해 에너지를 점점 더 많이 투자해야 한다. 그러다 보면 경쟁력 유지는 더 이상 스스로 세운 목적에 따라 자율적 삶을 영위하는 수단이 아니라, 그 자체가 사회적 삶과 개인적 삶에서 유일무이한 목표가 된다(Rosa 2006 참조). 우리는 숱한 관찰(그리고 경험적인 질적 연구의 인터뷰에서 거의 만장일치로 거듭 나타나는 반응)에서 이를 확인한다. 이런 관찰에 따르면, 우리는 "그저 같은 곳에 머물기만 하려 해도 점점 **빨리 춤춰야 하고**"(Conrad 1999:6) "같은 곳에 있으려면 힘껏 빨리 달려야 한다"(Robinson and Godbey 1999:33), "경쟁자는 결코 잠들지 않는다"라는 경고를 사람들은 이미 알고 있다. 주요 분배 영역 중 경쟁 원리가 지배하지 **않는** 유일한 영역은 복지 체제의 분배 패턴과 조치이다(이에 대한 상세한 설명은 Nullmeier 2000). 그래서 복지정책이 축소되거나 좀 더 경쟁적 요소가 도입되는 시점에 사람들이 사회적 가속을 더 예민하게 느끼는 것은 당연하다.

그러므로 나는 경쟁 논리가 사회적 가속에 있어 유일하지는 않지만 주요한 추동력이라고 주장하는 것이다.

ⓑ 문화적 동력: 영원의 약속

그럼에도 근대의 사회적 행위자가 스스로 제어할 수 없는 가속 역학의 무력한 희생자에 불과하거나, 스스로 아무것도 걸지 않은 가속 게임에 적응하도록 강요받기만 한 것은 아니다. 오히려 어떤 강력한 문화적 약속이 가속의 동력으로 작동한다는 것이 내 주장이다. 세속화된 근대사회에서 가속은 **영원한 삶**이라는 (종교적) 약속의 기능적 대체물이다.

이러한 생각은 다음과 같은 논리에서 나왔다. 문화적 측면에서 죽음 이전의 삶에 방점을 찍는다는 의미에서 근대사회는 세속적이다. 사람들이 여전히 종교적 믿음을 가지고 있는지와 무관하게 사람들의 열망, 욕망, 갈망은 일반적으로 이 세상이 제공하는 것, 선택 사항, 부 등을 향한다. 서구 근대를 지배하는 문화적 논리에 따르면 이제 삶의 풍부함, 충만함, 질은 살아 있는 동안 경험의 총합과 깊이로 측정된다. 삶을 이렇게 바라보는 관점에서 **좋은 삶**은 **충족된 삶**, 즉 경험이 풍부하고 역량이 계발된 삶이다(Blumenberg 1986; Gronemeyer 1996; Schulze 1994).[12] 이런 생각은 사후에 우리를 기다리는 '높은 삶'을 더 이상 상정하지 않고, 이 세상이 제공하는 다양한 선택 사항 중에서 최대한 많은 것을 실현하려 한다. **그 모든 높이와 깊이, 그 온전한 복**

---

12 세속화된 시대에 대해서는 다음을 보라. Taylor 2007.

잡성을 통틀어 삶을 맛보는 것이 근대적 인간의 열망에서 중심이 되었다.[13]

그러나 애석하게도 세상이 제공하는 것을 다 경험하기에는 한 번의 생이 너무 짧다. 세상이 제공하는 선택 사항들은 한 개인의 삶에서 실현할 수 있는 것들을 훌쩍 뛰어넘는다. 한스 블루멘베르크Hans Blumenberg의 표현을 차용하자면, 우리가 인식하는 세계의 시간(세계시간)과 한 개인의 삶의 시간(생애시간)이 근대 세계의 개인에게는 극적으로 갈라진다. 따라서 **생활속도의 가속**은 이 문제에 대한 자연스러운 해법이다. 우리가 '2배로 빨리' 산다면, 어떤 행동·목표·경험을 실현하는 데 드는 시간을 반으로 줄인다면, 경험의 '총합'은 2배가 되고 따라서 우리 생애 중에 '삶의' 총합도 2배가 된다. 우리의 몫 혹은 '효력', 즉 잠재적으로 **실현 가능한** 선택 사항에 대하여 **실현된** 선택 사항의 비율이 2배가 되는 것이다. 이러한 문화적 논리에서도 성장 역학과 가속 역학은 긴밀하게 얽힌다.

이런 사고방식을 이어 나가면, 우리가 생활속도를 계속 높인다면 단 한 번의 생 중에도 **다수의** 삶, 혹은 **무한한** 삶까지 살 수 있을 것이다. 삶을 이루는 선택 사항을 모두 실현할 수 있다면 말이다. **근대의 가속이 제공하는 이 행복주의적인 약속은 바로 유한성과 죽음의 문제**

---

13 이런 생각을 문학적으로 표현한 유명한 사례가 《파우스트》나 《빌헬름 마이스터》 같은 괴테의 작품이다. 그래서 괴테의 작품을 가속사회에 대한 서술이자 비판으로 독해하는 것이 유익하다는 만프레드 오스텐Manfred Osten(2003)의 주장은 의외가 아니다.

에 우리가(즉, 근대가) 응답하려면 '생활속도'를 가속해야 한다는 (암묵적) 발상이다. 그러나 두말할 필요도 없이 이런 관념은 유감스럽게도 약속을 지키지 못한다. 시간을 절감하는 바로 그 기술 탓에 이 세상의 선택 사항은 폭발적으로 늘어난다. 우리가 아무리 빨라져도 이 세상에서 우리의 몫, 즉 **이루지 못한** 선택 사항과 경험에 대해 이루어진 선택 사항과 경험의 비율은 높아지는 것이 아니라 끊임없이 낮아진다.[14] 이것이 근대 인간의 비극일 것이다. 그는 가차 없는 다람쥐 쳇바퀴에 들어간 것처럼 느낀다. 삶과 세상에 대한 그의 허기는 채워지는 것이 아니라 점점 더 환멸을 겪게 되는 것이다.

ⓒ 가속의 순환

우리는 초기 근대에 가속의 바퀴가 돌아가게 만들고 여기에 끊임없이 힘을 제공하는 주요한 '외적' 동력을 두 가지 찾았다. 이것을 보충하는 것은 노동 분업 혹은 기능적 분화의 내재적 논리이다. 이것은 사회적 과정의 속도를 점점 올리는 것을 처음에는 **허용**하고 다음에는 **요구**한다(Rosa 2005a: 295-310). 그러나 내가 주장하는 바는, 후기 근대에는 사회적 가속이 자가구동 체계로 변해서 심지어 이제 외부의 추동력이 전혀 필요 없다는 것이다. 앞에서 말한 사회적 가속의 세

---

14 여기에서는 이 주장을 깊이 논할 수 없다. 좀 더 상세한 논의는 다음을 보라. Rosa 2005a: 279-294.

범주, 즉 기술의 가속, 사회 변화의 가속, 생활속도의 가속이 서로 맞물린 하나의 피드백 시스템을 이루어 끊임없이 스스로를 구동한다.

앞서 말했듯, 성장과 가속이 논리적으로나 인과적으로 서로 연관되어 있지는 않다는 것을 유념해야 한다. 어떤 과정을 가속하여 그에 상응하는 성장을 이루려면 이 과정이 고정적이어야 한다. 그러나 교통, 통신, 생산과정 자체는 고정적이지 않다. 이들을 가속하면 보통은 그 지속 기간이 줄어들 거라 예상할 수 있다. 그래서 나는 위에서 기술의 가속과 생활속도의 가속이 반비례함을 예상할 것이라고 했다. 기술의 가속이 풍부한 시간 자원을 해방시키고 그에 따라 사람들이 **더 많은 시간**을 자유롭게 쓸 수 있게 될 거라고 말이다.

그러나 불행하게도 생활속도의 가속과 기술의 가속은 정비례할 수 있다. 앞서 주장한 것처럼, 기술의 가속은 희소한 시간이라는 문제, 즉 '생활속도'의 가속에 대한 사회적 **응답**이라고 할 수 있다. 사회적 가속의 세 영역 간의 인과관계를 검토해 보면 뜻밖의 피드백 회로가 드러난다. 대개 (증기기관, 철도, 자동차, 전신, 컴퓨터, 인터넷 등) 신기술 도입이 가져온 기술의 가속은 영락없이 사회적 실천, 소통 구조, 그리고 이에 상응하는 생활양식에 거대한 변화를 일으킨다. 예를 들어, 인터넷은 그저 통신을 통해 상호작용 속도를 높이고 경제 과정과 생산과정의 '가상화'만 촉진한 것이 아니다. 인터넷은 사회적 상호작용의 새로운 패턴이나 심지어 사회적 정체성의 새로운 형식까지 마련함으로써 직업·경제·통신의 새로운 구조를 확립했다(Turkle 1995을 보라). 이처럼 기술의 가속이 어떻게, 그리고 왜 사회구조 및 패턴, 행위의 방향 및 평가 등의 변화라는 사회 변화의 가속과 함께 일어나는지를 아는 것은 그리 까다롭지 않다. 나아가 사회 변화의 가속이 위에서 말한 '현재의 수축'을 동반한다면, 이는 자연스럽게 '생활속도'의 가속으로 이어진다. 이에 대한 설명은 자본주의 생산 영역에서 일어나는 경쟁사회의 '미끄러운 비탈 현상'에서 발견할 수 있다. 자본가는 멈추거나 쉴 수 없으며 경주를 중단하고 자기 위치를 다질 수도 없다. 자본가는 위로 오르거나 아래로 내려간다. 마르크스와 베버가 지적한 것처럼 **멈춤**은 곧 **뒤처짐**이기 때문에 평형을 이루는 점은 없다.

이와 비슷하게 삶의 모든 영역에서 사회 변화의 속도가 가속되는 경쟁사회에서 개인은 언제나 '미끄러운 비탈'에 서 있다고 느낀다. 오래 휴식을 취했다가는 경험과 지식, 장비와 복장, 방향 설정과 심지어 언어에 있어서 낡아 빠지고 유행에 뒤떨어지고 시대착오적이 된다.[15] 이런 증상이 어떻게 나타나는지를 일상생활에서 찾으려면 이메일 계정을 떠올려 보라. 이메일에 접속하여 한참 시간을 보낸 끝에 중요한 메시지를 모두 읽고 답장도 다 보낸다. 그렇지만 다른 일을 시작하자마자 우리는 다시 이메일에 빠져 가라앉기 시작한다. 하루가 끝날 무렵 이메일 계정의 상황은 아마 하루를 시작할 때보다 악화되었으리라. 조용하고 끊임없이 계정에 이메일이 쌓이고

---

15 그러므로 서구 사회에서 노인은 젊은이들이 게임기나 이메일이나 DVD 등에 대해 말할 때 쓰는 '기술 은어'를 알아듣기 힘들다.

우리는 시시포스가 된 기분이다. 이런 식으로 사람들은 사회적이고 기술적인 환경에서 겪는 변화 속도에 발맞춰야 하는 압박감을 느낀다. 그래야 가치 있을지도 모를 선택 사항과 관계(연결 가능성)를 잃지 않고 경쟁에서 이길 기회를 얻을 수 있기 때문이다. 게다가 끊임없이 변화하는 세상에서는 **어떤** 선택 사항이 가치가 있는지 분별하는 게 점점 더 까다로워지기 때문에 이런 문제는 가중된다. 그래서 사회 변화의 가속은 다시 '생활속도'의 가속으로 나아간다. 마지막으로 앞에서 살펴본 것과 같이, 생산과 일상의 과정을 가속하려면 새로운 방식의 기술의 가속이 필요하다. 따라서 '가속의 순환'은 폐쇄적인 자가구동 체계이다(그림 4).

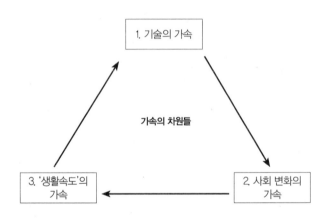

그림 4: 가속의 순환

3장

사회적 감속이란 무엇인가

지금까지의 논의를 통해 사회적 가속에 있어서 서로 연관되면서도 구별되는 세 범주 혹은 세 영역이 있다는 증거를 충분히 제시했다. 그러나 이 자체로는 근대성이 사회 자체의 가속으로 나아간다는 주장을 확립하거나, 근대화가 실은 가속이라는 생각을 정당화하기에 충분하지 않다. 왜냐하면 한 사회에서 사회적 삶을 가속하는 허다한 과정과 더불어 사회적 삶을 **감속**하는 과정도 늘 찾아낼 수 있기 때문이다. 전체적으로 보아 반대되는 두 힘은 서로 균형을 이룰 것이다. 그러므로 근대성이 **사회적 삶의 가속**

을 뜻한다는 주장은 다양한 형태의 가속을 확인하는 것만으로 확립
될 수 없다. 이러한 주장은 가속의 힘이 감속의 힘을 체계적으로 압
도함을 증명할 수 있어야 비로소 개념적으로 방어할 수 있다. 이를
위해 나는 관성이나 사회적 감속의 모든 관찰 가능한 형태와 경향을
간략하게 검토할 것이다. 이를 통해 이러한 현상의 범주를 완벽하
게 목록으로 만들 수 있다면 좋겠다.

나는 분석적으로 감속과 관성에는 서로 다른 형태가 다섯 가지 있
다고 주장한다. 이는 1장에서 확인한 가속 영역들을 모두 가로지른다.

1. 자연적 속도제한

먼저 **자연적**이고 **인간학적**인 속도제한이 분명 존재한다. 원리적
으로 가속할 수 없는 과정, 혹은 파괴해 버리거나 심각한 질적 조작
을 가해야만 비로소 기속할 수 있는 과정이 그렇다. 우리 뇌와 몸
의 지각 속도나 정보 처리 속도 같은 다양한 신체적 과정이 여기 해
당되며, 대부분의 자연적 자원의 재생산에 소요되는 시간도 해당된
다. 마찬가지로 하루나 한 해는 천문학적 사건에 의해 정해지므로
가속될 수 없다. 물론 24시간 패턴이나 1년 패턴을 따르는 일부 과
정을 조작할 수는 있다. 예를 들어 인공적으로 23시간 리듬에 따라
빛과 어둠의 패턴을 만들어 내서 닭이 달걀을 더 많이 낳게 하는 식
으로 말이다. 하지만 감기, 독감, 임신 등의 진행을 가속하려는 시도
는 모두 그다지 성공적이지 않았다. 그래도 전체적으로 근대는 언

뜻 불변('자연적')으로 보이는 다양한 시간적 제한을 극복하는 데 있어 극적으로 성공적이었다. 위에서 논의한 교통, 통신, 생산의 영역이 가장 대표적인 사례이다. 특히 생명공학기술은 대부분이 전통적인 재배 방식을 극적으로 가속하는 것이다.

2. 감속의 휴식처

두 번째로 이제까지 근대화와 가속의 역학이 건드리지 않은 영토로서 사회적이고 문화적인 '틈새', 섬, 휴식처가 있다. 이들은 **원칙적으로는** 가속화 과정이 침투할 수 있음에도 불구하고 (완전히 혹은 부분적으로) 이러한 과정에서 빠져 있다. 이런 장소나 환경에서는 흔히 말하듯이 시간이 '멈춘' 듯하다. 예를 들어 바다의 잊힌 섬, 사회적으로 배제된 집단, 아미시Amish 같은 은둔 종교집단, (잭다니엘의 유명한 광고에 나오는 위스키 생산 과정처럼) 특별하고 전통적인 사회적 실천 형태 등이 그렇다. 일부러 '구식 상품', 즉 전통적인 방식으로 재배하거나 제작한 소비재를 생산하는 기업이 많은데, 이런 제품은 바로 감속, 지속, 안정의 약속 혹은 이미지에 의해 팔려 나간다.

그러나 이러한 '감속의 휴식처'는 후기 근대에서는 대개 점점 부식 압력을 받고 있다. 가속으로부터 **의식적 보호**를 받는, 따라서 (아래의) 4번 범주에 속하는 경우만 예외이다.

3. 사회적 가속의 역기능적 결과인 감속

세 번째 범주는 가속과 역동화 과정의 **의도하지 않은 결과로서의 감속**이다. 이는 종종 **역기능적**이거나 **병리적**인 감속 유형이다. 전자의 가장 대표적인 사례는 **교통정체**이다. 이는 모든 사람이 빨리 움직이려는 의지가 그 결과로서 산출한 정지이다. 후자와 관련하여 최근 과학적 연구에 따르면, 몇몇 유형의 정신병리적 **우울증**은 과도한 가속 압력에 대한 개인적 (감속) 반응이다(다음을 참조. Levine 1997: Psychologie Heute 26:3에 실린 몇 편의 논문; Ehrenberg 1999; Baier 2000: 147 이하). 주목할 점은 이런 형태의 우울과 탈진은 최근 지구화된 근대의 그야말로 모든 부분에서 눈에 띄게 늘어났다(Rosa 2009b).

노동자가 생산과정에서 구조적으로 배제되는 현상도 이 범주에 포함시킬 수 있을 것이다. 이것은 대개 노동자가 근대 서구 경제의 유연성과 속도에 보조를 맞출 능력이 없어서 일어난다. 다시 말해 노동자는 경쟁력을 유지할 능력이 없기 때문에 '감속'된다. 그래서 이렇게 배제된 사람은 (장기) 실업이라는 형태로 극단적 '감속'을 겪는다(Sennett 1998: 159 이하; Jahoda 1988). 나아가 (앵글로색슨 용어로는 적절하게 경기 둔화라고 불리는) 불경기 현상도 이런 방식으로 해석할 수 있다.

4. 의도적 감속

의도하지 않은 감속 유형과는 달리, 네 번째 범주로서 고의적이고 **의도적인 (사회적) 감속 유형**이 있다. 여기에는 근대의 가속 과정 및 그 결과에 대항하는 이데올로기적 운동까지 포함된다. 이런 운동은 근대적 가속의 역사에서 대부분의 새로운 단계에서 일어났는데 특히 **기술의 가속**에 있어 그랬다. 증기기관, 철도, 전화, 컴퓨터, 새로운 생명공학은 모두 의혹과 적대감까지 불러일으켰다. 그리고 지금까지 모든 대항운동은 종내 실패로 돌아갔다(다음을 참조하라. Levine 1997; Schivelbusch 2000). 우리는 이 네 번째 범주에서 의도적 감속의 두 유형을 구별해야 한다.

4. 1. (가속을 위한) 기능적 감속

우선 제한적이거나 일시적인 감속 유형이 있다. 그 목표는 가속 체계 내부에서 순조롭게 기능하고 더욱 가속하는 능력을 유지하는 것이다. 이러한 가속적 감속 유형은 개인적 차원에서는 가령 스트레스에 지친 관리자나 교사가 '경쟁에서 벗어난 휴양'을 취하려고 수도원에서 **휴식 시간**을 가지거나 요가 강좌에 참여하는 것 등이다. 이는 가속하는 사회 체계에 더 성공적으로 참여하기 위함이다. 이와 비슷하게 수많은 자기계발서가 주어진 시간 동안 학습이나 노동의 총량을 **증대**시키기 위해 학습이나 노동과정의 속도를 일부러 늦출 것을 권고하거나, 혁신 역량이나 창조력을 증대하기 위해 휴식을

권고한다.[16]

사회적 · 정치적 차원에서도 근대화의 새로운 과정을 가로막는 기술적 · 정치적 · 법적 · 환경적 · 사회적 문제나 장애를 풀기 위해 때때로 여러 방식의 '일시 정지'를 제안하거나 실행한다(다음을 참조. Eberling 1996).

4. 2. (대항적인) 이데올로기적 감속

다른 한편 (근본적) 감속을 위하여 때로는 근본주의적인 다양한 사회운동이 일어난다. 이들은 자주 반근대주의의 특징을 띤다. 가속이 근대성의 근본 원칙 중 하나임을 감안하면 전혀 놀라운 일이 아니다. 이런 운동 중에는 근본주의적 종교운동도 있고 '심층생태주의' 운동이나 정치적으로는 극단적 보수주의 운동 혹은 무정부주의 운동도 있다. 그래서 독일 정치가이자 학자인 페터 글로츠[Peter Glotz](1998)에 따르면 감속은 근대화의 희생자에게 새로운 이데올로기적 관심사가 되었다.

그러나 감속의 촉구를 이데올로기라고 일축하는 것은 위험한 단순화이다. 왜냐하면 현재 의도적 감속의 주장 중에서 가장 중요한 형태들은 바로 **기능적 감속**이라는 사고방식을 따르기 때문이다. 여기에서 핵심적 통찰은 근대사회를 형성한 거대한 가속 과정을 굳건

---

16 이러한 **가속을 위한 감속 형태**에 대해서는 Seiwert (2000)을 참조하라.

하게 인도하고 형성한 것이 법, 민주주의, 산업적 노동체제 같은 몇 몇 중심적 근대 제도의 안정과 관성, 표준화되거나 '제도화'된 근대 인의 생애 및 이력의 유형, 그리고 가족제도였다는 것이다(Rosa 2001; Kohli 1990; Bonus 1998). 이런 제도가 형성한 안정적 틀에서야 비로소 장기 적 계획과 투자에 필요한, 따라서 장기적 가속에 필요한 전제 조건 이 생겨난다(다음을 참조하라. Harvey 1999; Dörre 2009).

나아가 헤르만 뤼베의 주장처럼, 광범위한 유연성은 안정되고 불 변하는 일부의 문화적 방향성과 제도라는 기초 위에서 가능하며, 이 것이야말로 가속사회에서 문화적 재생산의 전제 조건이다. 그래서 제도적으로나 개인적으로, 혹은 구조적으로나 문화적으로 유연성 과 역동성에는 어떤 한계가 있어 보인다. 이러한 한계는 제도의 안 정성이 약화된 후기 근대에는 침식될 위험에 처해 있다(다음을 참조. Lübbe 2009). 그러므로 미래의 가속을 위한, 그리고 안정적 가속사회를 위한 전제 조건을 약화시키고 침식하는 것은 급진적 반근대주의자가 아 니라 바로 가속의 성공과 무소부재 자체일 수도 있다. 그래서 현재 의 경제 위기는 후기 근대의 어떤 경향에서 생겨나는 비참한 결과 를 보여 주는 선명한 사례일 것이다. 그것은 바로 계획과 투자를 위 하여 (가령 인프라 같은) 장기적 안정성을 보장하는 제도 및 규제를 몽땅 제거하려는 경향이다. 일반적으로 금융자본주의의 논리, 특히 투자은행의 논리가 지닌 방향성은 극히 근시안적이고 단기적이다. 그 목표는 어떤 희생을 무릅쓰고라도 자본 회전율을 가속하는 것이 다. 이는 전략적이고 장기적이며 '현실적'이고 생산적인 경제적 투자의 조건을 침식한다(다음을 참조하라. Dörre 2009).

이런 의미에서 경제적이고 정치적인 감속은 어떤 측면에서는 가속사회에 대한 이데올로기적 반응이 아니라, 가속사회가 지닌 근본적인 기능적 필요일 수 있다.

5. 사회적 가속의 뒷면: 구조적이고 문화적인 관성

마지막으로 그리고 가장 놀랍게도, 우리는 후기 근대사회에서 어떤 기이한 과정 혹은 적어도 기이한 인식의 조짐을 발견한다. 이 조짐은 (완전한 우연, 과도한 선택 가능성, 미래의 무한한 개방성이라는 인상을 불러일으키는) 가속과 유연화의 광범위한 확산과 반대되는 어떤 것을 암시한다. 즉, 이제 어떠한 '현실적' 변화도 불가능하고, 근대사회의 체계는 폐쇄되고 있으며, '과잉 가속으로 인한 정지' 혹은 '극의 관성'(비릴리오의 용어로서 극한의 속도에서 나타나는 멈춤을 뜻한다)이라는 형태로 역사의 종언이 다가오고 있다는 암시이다. 후기 근대의 '가속사회'에 대해 이러한 진단을 내리는 사람은 폴 비릴리오, 장 보드리야르Jean Baudrillard, 프레드릭 제임슨Fredric Jameson, 프랜시스 후쿠야마Francis Fukuyama 등이다. 이들은 모두 근대사회가 쓸 수 있는 새로운 비전과 에너지가 없다고 (그래서 '유토피아 에너지'가 소진되었다고) 주장한다. 따라서 사건과 변화의 엄청난 속도는 실은 우리 시대의 깊은 곳에 뿌리내린 문화적이고 구조적인 관성을 은폐하는 피상적 현상에 불과하다는 것이다.[17] 특히 서로 뒤얽힌 경쟁, 성장, 가속의 원칙이 이루는 '구조적 삼각형'이 견고하게 확립됨으로써, 문화적 변화나 정치적 변화에 대한 희망은 모조리 헛될 것이다. 그러므로 가속사회에 대한 사회학적 이론은 자신의 개념적 도식에서부터 이 (극단적) 마비 가능성을 반드시 설명해야 한다.[18]

---

17 Virilio 1997, 1998; 다음을 참조하라. Baudrillard 1994; Jameson 1994, Fukuyama 1992. 실제로 후쿠야마는 코제브Alexandre Kojève와 헤겔Hegel에서 연원하는 오랜 전통을 따르는 '탈역사' 담론에 가담한다. 독일 철학자 로타르 바이어Lothar Baier는 《가속에 대한 18편의 에세이18 Versuche über die Beschleunigung》에서 가속과 변화가 근대사회의 '사용자 인터페이스'에서만 일어날 뿐, 근대사회의 심층 구조는 검토되지 않았고 변화하지도 않았다고 주장한다(Baier 2000).

18 이 가속의 마지막 형태와 근대의 사회적 가속의 포괄적 과정이 어떤 관계인지에 대한 나의 개념적 설명을 다음 장에서 대략 보여 줄 것이다. 이 내밀한 관계에 대한 체계적이고 상세한 설명은 Rosa 2005a의 마지막 두 장을 참조하라.

4장

왜 감속이 아닌 가속이 일어나는가

이 지점에서 제기되는 근본적 물음은 근대사회에서 사회적 가속과 감속의 관계가 어떤 본성을 지니는가이다. 앞서 말한 것처럼 이에 대해 두 개의 가능성을 떠올릴 수 있다. 첫째, 가속과 감속의 힘 중 하나가 분명하고 지속적으로 우위를 지니는 것이 아니라 전체적으로 균형을 이룰 가능성이다. 이 경우 사회의 시간적 패턴에서는 두 가지 변화 유형이 모두 나타난다. 둘째, 만일 체계 차원에서 가속의 힘이 감속의 힘을 단연 압도한다면 둘 간의 균형은 가속의 힘 쪽으로 이동한다. 감속 범주가 사회적 가속의 **후유증** 혹은 사회적 가속에 대한 **반응**이라면 이런 비대칭성이 일어날 수 있다. 나는 두 번째 가능성이 옳다고 주장한다. 경험적으로 입증하기는 다소 어렵지만 말이다.

이 주장은 다음의 두 가지 전제에 기초한다. 첫째, 앞에서 나열한 감속 범주들이 모든 감속 현상을 포함한다. 둘째, 이 감속 유형 중 어느 것도 근대의 가속 동력과 구조적 등가를 이루는 진정한 대항 경향을 확립하지 못한다. 〔가속의 힘이 감속의 힘을 단연 압도한다는〕 두 번째 주장을 소상히 살펴보자.

1번 범주(자연적 속도제한)와 2번 범주(감속의 휴식처)에 나열된 현상은 사회적 가속의 (물러나는) 한계를 보여 줄 뿐 여기에 저항하는 힘이 아니다. 3번 범주(사회적 가속의 역기능적 결과로서의 감속)는 가속의 **효과**이며 가속의 힘에서 파생되는 부차적인 것일 뿐이다. 4.1번 범주(의도적 감속 중 가속을 위한 기능적 감속)는 면밀하게 검토해 보면 가속 과정 자체의 요소이거나 적어도 (추가적인) 사회적 가속을 **가능하게 하는 조건**에 속한다. 한편, 삶의 가속에 대한 의도적 저항이자 감속의 이데올로기를 뜻하는 4.2번 범주(의도적 감속 중 대항적인 이데올로기적 감속)는 명백히 가속 압력에 대한 반응이다. 앞서 지적했듯, 근대의 모든 주요 경향은 상당한 저항을 만나기 마련이다. 그리고 앞으로 영원히 그러라는 법은 없지만 이제까지 모든 저항은 대개 단명했고 때로는 헛된 것이었다. 따라서 파생 현상이나 후유증이 아닌 유일한 감속 유형은 5번 범주(사회적 가속의 뒷면: 구조적이고 문화적인 관성)에 속하는 감속이다. 이러한 감속의 차원은 실제로 근대의 가속 자체의 내재적이고 상보적인 특질이다. 근대를 규정하는 모든 힘에서 나타나는 특징인 일종의 역설적 뒷면인 것이다. 가령 **개인화**는 모든 형태의 '진정한' 개인성을 근절하는 **대중문화**와 **대중사회**에 대한 두려움을 불러일으킨다. **자연을 길들임**은 **자연을 파괴함**(혹은 **자연이 파괴함**)에 대한 두려움을, **합리화**는 늘어나는 **총체적 비합리성** 혹은 '**쇠우리**'iron cage'〔사회학자 막스 베버의 개념으로, 서구 자본주의사회의 합리화로 인하여 개인들이 오직 효율과 규제에 기반한 사회 체계에 포획되는 현상을 가리킨다〕에 대한 두려움을, 마지막으로 **차이화**는 **분열**에 대한 두려움을 불러일으킨다(다음을 참조하라. Rosa 2005a: 105 이하; van der Loo/van Reijen 1997). 이런 의미에서 '극의 관성'(Virilio 1998)은 가속에 맞서는 경향이 아니라 가속의 **내재적 특질**이다.

고속 상태의 근본적 정지에 대한 두려움은 근대사회 내내 있었다. 이로 인해 **태만·침울·권태·신경쇠약** 등의 문화적 질병, 그리고 지금은 다양한 형태의 **우울증**이 생겨났다. 이러한 관성의 경험이 생겨나고 강해지는 것은 언제인가? 개인적 삶이나 사회적 세계(즉, 개인이나 집단의 **역사**)에서 변화와 역동이 더 이상 의미와 방향을 지닌 연쇄적 발전의 요소, 즉 '진보'의 요소로 경험되지 못하고 그저 방향 잃은 '광적' 변화로 경험될 때이다. 변화의 일화들이 성장·진보·역사의 (서사적) 이야기가 될 때에는 **역동적 변화**가 인식되지만, 변화·변형·변이의 일화들이 방향을 잃고 임의적이고 산만하게 경험되면 **정지**가 인식된다. 이런 인식에서는 사태는 아무리 변화하더라도 발전하거나 '어디로' 나아가지 않는다. 이는 개인적 차원에서는 병리적 우울증을 낳고, 집단적이고 문화적인 시간 인식에서는 '(방향 있는) 역사의 종언'이라는 인식을 낳는다. 이처럼 방향 있는 변화(진보)라는 지배적인 문화적 경험은 어수선하고 일화적인 움직임의 인식으로 이행했다. 이것이야말로 '고전적' 근대에서 '후기 근대'로의 이행에서 핵심적이고 결정적인 기준이다(다음을 참조하라. Rosa 2005a: 428 이하; Rosa 2007).

그럼에도 불구하고 우리는 근대의 감속하는 힘의 지위, 중요성, 기능이 사회적 가속의 우월한 힘에 비해 **이차적**이라고 규정할 수 있다. 근대사회에서 가속과 감속이 구조적으로 비대칭적임은 부인할 수 없다. 따라서 근대화는 오로지 사회적 가속의 지속적 과정으로 해석될 수밖에 없다.

5장

이것은 왜 중요한가:
가속, 그리고 '세계내존재'의 변형

지금까지의 분석이 옳다면, 근대에 대한 사회학 이론이 왜 하필 사회적 가속에 관심을 기울여야 하는지 분명하다. 사회의 시간 패턴 및 구조에서 일어나는 변화에 주의하지 않으면 근대에 대한, 그리고 근대화에 대한 우리의 이해가 매우 불완전하기 때문이다. 뿐만 아니라 근대사회의 핵심에 놓인 가속의 역학을 계속 망각한다면 근대가 대체 무엇인지 이해할 수 없기 때문이다. 한데 근대의 삶의 규범적 조건, 질, 잠재적 병리에 대한 분석인 사회철학에서는 사회적 가속이 왜 중요한가?

이에 대해 다음과 같이 답하고자 한다. 이것이 중요한 이유는 첫째, 근대사회가 명시적인 규범적 규칙이 아니라 시간 규범의 **암묵적인 규범적 힘**으로 규제되고 조율되기 때문이다. 이런 시간 규범은 기한, 일정, 시간 제한 등으로 나타난다. 나는 이 책 9장에서 가속의 힘이 근대의 주체에게 획일적 압력을 행사하여 일종의 가속적 전체주의가 출현하는 것을 논할 텐데, 이러한 가속의 힘은 역력하게 드러나지 않고 오롯이 탈정치화되어 마치 자연적으로 주어지는 것처럼 보인다.

두 번째 이유는 이렇다. 근대의 가속 체제는 사람이 세계와 맺는 관계, 즉 다른 사람이나 사회(**사회적 세계**)와의 관계, 시간과 공간과의 관계 및 자연과 무생물 대상의 세계(**객관적 세계**)와의 관계를 (대개 행위자의 배후에서) 변형시킨다. 그리고 필경 인간 주관성의 모습(**주관적 세계**)과 우리의 '세계내존재'의 모습도 변형시킨다(**기술의 가속의 변형력**에 대해서는 그림 5 참조). 이 모든 면에서의 관계는 가속으로 인하여 변화하고 문제적이 될 수 있다. 만일 근대와 계몽이 내놓은 전망과 기획의 정점이 인간의 자기결정이라는 이념, 즉 개인적이고 집단적인 자율성의 약속이라면 사회철학은 이 고삐 풀린 과정에 마땅히 주목해야 한다. 삶의 질, 정의로운 사회의 원칙, 근대적 삶의 병리를 성찰하는 사람들은 그동안 이 과정을 거의 간과해 왔다.

이미 살펴보았듯, 근대의 삶에서 시간은 더 빠르게 흐르고 희소한 상품이 되는 반면, 공간은 말 그대로 '줄어들고' 수축되는 듯하다. 공간에서는 광대함이나 저항의 감각이 사라졌다. 근대의 여행자가 싸

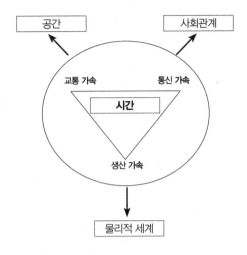

그림 5: 기술의 가속과 우리의 '세계 관계'의 변형. 그 결과 사회적 가속은 객관적 세계,
사회적 세계, 나아가 **주관적 세계**에 대한 우리의 관계를 변화시킨다.

우는 대상은 일정, 환승 시간, 정체, 지연 등이지 공간이라는 장애가
아니다. 공간을 가로지르는 금전적 비용과 시간적 비용이 모두 줄
었기 때문에(또 여행 중에도 일상 업무를 처리할 수 있는 첨단 미디어
를 사용할 수 있으므로 기회비용 역시 줄었기 때문에), 대부분의 사회
적 행위와 소통에 있어서 공간은 일차적 중요성을 잃는다. 이처럼
지역적이고 공간적인 '물질성'이 중요하지 않기 때문에 공간의 이차
적 질이 중요해진다. 이는 공간이 일차적 중요성을 잃는 것과 모순
되는 것이 아니라 바로 그것을 확인하는 것이다. 예를 들어, 콜센터
를 어디에 개소하는지는 경제적으로 중요하지 않으므로 오히려 주
변 환경이 매력적인 곳에 배치할 수 있다.

나아가 사회적 관계를 유지하기 위해 꼭 공간적으로 가까울 필요가 없게 되었다. 이는 사람들이 맺는 사회적 관계, 그리고 사회적 세계의 구조에 중대한 결과를 가져온다. 사회적이고 정서적인 친소는 이제 공간적 거리에 결부되지 않는다. 다시 말해 우리 이웃은 완벽한 타인인 반면, 지구 반대편의 누군가가 제일 허물없는 사람이 될 수도 있다. 그뿐 아니라 사회적 결속에 있어서 현재(즉, 안정적 기간)는 수축되고, 비단 이 때문만은 아니지만 주로 첨단 통신매체 덕분에 사회적 접촉은 엄청나게 늘어난다. 이로 인해 케네스 거겐Kenneth Gergen이 말하는 '포화된 자아'가 나타난다.[19] 1903년 게오르크 지멜이 메트로폴리스의 삶에 대해 성찰한 것처럼, 우리는 많은 사람을 만나고 떠나며 광범위한 교제 네트워크를 만들기 때문에 이들 모두 혹은 대부분과 정서적으로 관계를 맺는 것은 불가능하다. 우리 자신의 생애 전체를 정말로 지켜보는 사람을 만나는 일도 매우 드물어진다. 이는 근대적 주관성의 형식에도 영향을 미친다(Simmel 1903/1971).

주관적 세계에서 정체성과 주관성의 지배적 유형에 광범위하게 영향을 미치는 사실이 있다. 그것은 사회적 세계를 규정하는 구조

---

19 "첨단 기술로 인해서 점점 더 광범위한 사람들과 (직접적으로나 간접적으로) 관계를 유지할 수 있게 되었다. 여러 측면에서 우리는 사회적 포화라 할 만한 것에 도달했다. 이 정도 규모의 변화가 그 자체에 머무는 일은 드물다. 이것은 문화를 가로질러 반향을 불러일으킨다. 이것이 서서히 쌓이면 우리는 언젠가 우리가 이미 다른 곳으로 옮겨졌음을, 그리고 이미 잃어버린 것을 회복할 수 없음을 깨닫고 충격을 받는다. … 그러나 문화의 포화가 점점 심해지면서 우리가 스스로에 대해 지녔던 모든 전제는 위태롭게 된다. 전통적인 관계 유형은 낯설어진다. 새로운 문화가 나타나고 있다"(Gergen 2000:3, 61쪽 이하와 49쪽 이하).

적이고 문화적인 요소가 세대교체 속도보다 더 빠르게 변화한다는 것, 즉 사회적 세계의 안정성이 심지어 개인의 생애보다도 짧다는 것이다. 내가 다른 책에서 주장했듯(Rosa 2002), 인생의 방향을 정하는 '고전적' 근대의 정체성 감각은 '견실한 가치 평가'에 뿌리내린 개인적 '인생 계획'과 자기결정에 토대를 두었다. 그런데 이제 그 대신 유연하고 '상황적인 정체성'이라는 새로운 형태가 나타나고 있다. 이 새로운 형태는 모든 자기결정과 정체성 요인이 일시적임을 받아들이며, 하나의 인생 계획을 따르기보다는 '서핑'을 하려 한다. 새롭고 매력적인 기회가 생기면 그리로 뛰어오를 준비가 되어 있어야 한다. 케네스 거겐의 표현에 따르면, "바다의 한 지점까지 조심스레 수영해 가는 것, 즉 어떤 목표에 도달하고자 파도를 다스리는 것과 종잡을 수 없는 파도의 움직임에 몸을 맡기고 흐르는 것은 다르다"(Gegen 2000: XVIII).

마지막으로 생산 속도의 엄청난 증대로 인하여 인간과 물질적 환경의 관계가 근본적으로 바뀌었다. 실로 생활세계의 물질적 구조(가구와 주방도구, 자동차와 컴퓨터, 옷과 음식, 도시·학교·사무실의 모습, 업무 도구와 장비 등)는 너무 빠르게 변해서 이제 "일회용 구조"가 되었다고 말할 정도다. 전근대 세계는 아주 달랐다. 전근대 세계에서 물건은 기본적으로 부서지거나 고장 났을 때만 교체했다. 물건을 교체할 때에도 대개 정기적으로, 그리고 동일한 종류의 물건으로 교체했다. 이와 달리 마르크스가 이미 지적한 것처럼, 근대 세계에서는 심리적 소비가 물리적 소비를 대신한다. 우리는 거의 항상 물건이 망가지기 **전에** 바꾼다. 혁신 속도가 빨라서 물건은 물리적 수명이 다하기 전에 이미 '시대착오적'인 구식이 되어 버린다. 이런 의미에서 근대성의 가속에 의해 객관적 세계에 대한 우리의 관계는 크게 변형되었다.

흥미롭게도 가속 과정으로 말미암아 우리 생애의 역사와 집단의 역사에 대한 감각도 변하고 있다. 사회적 변화가 빨라져서 사회적 행위자가 현재는 과거와 다르며 미래도 현재와 다를 거라고 예상하게 되었을 때 고전적 근대가 시작되었다. 이 때문에 역사에는 방향이 있는 것 같았고 (개인적이고 정치적인) 진보의 모델이 넘쳐 났으며 역사적 서사는 **진보**의 이야기라는 형태로 이루어졌다. 이에 비해 후기 근대는 사회적 변화가 세대 내적 변형 속도에 이르게 되었을 때 시작되었다. 앞에서 언급한 것처럼, 이런 세계에서는 임의적이고 일화적이고 심지어 어수선한 변화가 진보 혹은 방향성 있는 역사라는 관념을 대신한다. 사회적 행위자는 개인적이고 정치적인 삶이 방향성 없이 변덕스럽다고, 즉 극도로 가속된 정지 상태라고 느낀다. 개인적 차원에서의 이러한 변화는 내러티브 인터뷰에서 잘 드러난다. 사람들은 자기 삶에 대하여 성장, 성숙, 진보의 서사를 만들기보다는 서로 무관한 (가족 및 직업, 그리고 변하는 장소와 신념의) 일화들이 이어질 뿐이라고 서술한다(다음을 참조하라. Gergen 2000; Sennet 1998 또는 Kraus 2002). 더 흥미롭게도, 정치 영역에서도 '참된 의미의' 역사적 발전이 연쇄적으로 일어난다는 감각이 위태로워졌다. 예를 들어 1990년까지는 보통 사람이나 학자나 정치가가 어떤 '사실'에 대해 일치된 의견을 가졌다. 즉, **해적**이나 **고문** 같은 일은 비록 오늘날에도 일어나긴 하지만 기본적으로 과거의 일이고, 이에 비해 **민주주의와 복지국가**는 비록 어떤 때와 장소에서는 (아직) 지배적이지 않더라도 기본적으로 현재의 일이며 미래에는 더욱 그러할 것이라는 '사실' 말이다. 이로부터 20년이 지난 2010년에는 어떠한가? 우리는 해적과 고문이 '과거'의 일이라는 확신을 상당 정도 잃어버렸다. 신문을 뒤적여 보면 그런 일이 오히려 앞으로도 일어날 것이라고 예감하게 된다. 또한 학자와 정치가(그리고 보통 사람)는 우리가 잘 알고 있는 고전적 복지국가는 더 이상 유지할 수 없는 과거의 일이 되었다고 말한다. 마찬가지로 민주주의는 적어도 비유럽의 관점에서는 21세기의 문제를 해결하기에는 절망적일 만큼 느리고 비효율적으로 보인다. 동남아시아나 러시아에 세워진 (반*半*)권위주의적 체제를 감안할 때, '탈민주주의' 시대가 도래하고 있다는 말은 자못 설득력이 있다. 그러나 여기에서 논점은 현재의 질서가 20년 전 예상과 반대이거나 다르다는 것이 아니라, 우리가 역사의 방향에 대해 **확신을 잃었다**는 것이다. 해적에서 민주주의에 이르는 모든 일이 세계에서 충분히 일어날 수 있고, 마치 어떤 일화처럼 일어났다가 사라진다. 이 지점에서 전근대 세계에는 "단수로서의 역사"가 있었다는 라인하르트 코젤렉Reinhard Koselleck(2009)의 말이 떠오른다. 나는 '역사의 종언'을 말할 수 있는 것은 이런 의미에서라고 생각한다.

한마디로 사회적 가속은 새로운 시간과 공간 경험, 새로운 사회적 소통 유형, 새로운 주관성 형태를 산출한다. 그 결과 인간이 세계 안에 놓이고 **장소를 가지는** 방식을, 그리고 **움직이고 방향을 잡는** 방식을 변형시킨다. 이것 자체는 좋은 것도 아니고 나쁜 것도 아니다. 다만 사회철학이 거의 언급하지 않았던 어떤 사건을 지적할 뿐이다. 이 정도 규모의 변화는 사회적 병리, 인간의 고통, 불행을 야기할 파괴적 사건을 일으킬 가능성이 크다. 나는 비판이론가로서 이제 이 문제로 주의를 돌리고자 한다. 사회이론가의 핵심적 과업과 책임은 사회적 고통의 연원을 탐구하는 것이라 믿기 때문이다. 2부에서는 가속이 현재 지배적인 비판이론 형태들에 어떤 영향을 미치는지에 집중할 것이다. 그리고 마지막 3부에서는 이 장에서 개요를 제시한 변형 과정을 상세히 설명하고 (사회적 · 객관적 · 주관적 세계라는) 각 부문에서 속도가 심각한 **소외**의 잠재력을 지니고 있음을 주장할 것이다.

6장

비판이론의 요건

이 책의 서두에서 말한 것처럼, 나의 목표는 사회적 가속에 대한 비판이론의 초안을 마련하는 것이다. 따라서 먼저 비판이론의 현대적 형태가 충족해야 할 요건을 살펴봐야 할 것이다. 이 장에서는 (아주 간략하게) 이 일을 해 보려 한다.

내가 보기에 현대적 비판이론은 (마르크스부터 호르크하이머·아도르노·마르쿠제에 이르는, 또한 발터 벤야민, 에리히 프롬Erich Fromm, 그리고 하버마스와 호네트에 이르는) 비판이론 전통의 창시자들의 본래 의도에 충실해야 한다. 그러면서도 프랑크푸르트학파 내에서

의견이 분분했거나 현대사회 분석에 더는 적합하지 않은 방법론적 사상과 원칙에 지나치게 얽매이거나 속박되지 않아야 한다. 실로 방법론은, 나아가 진리 역시 늘 역사적 구속과 제한을 받는다. 비역 사적인 인식론적 진리란 없다. 모든 형태의 이론적 분석은 변화하는 사회적 실천의 형태와 긴밀하게 결합해야 한다. 이러한 확신은 비판이론 전통에서 근본적으로 중요한 것이다.[1] 따라서 비판이론의 새로운 접근법은 종래의 방법론적이고 이론적인 통찰을 맹목적으로 추종하거나 반복해서는 안 된다.

그렇다면 비판이론을 이끄는 의도란 대체 무엇인가? 나는 악셀 호네트의 의견, 곧 사회적 병리의 탐구야말로 비판이론뿐 아니라 모든 사회철학의 우선적 목표라는 견해를 따르고자 한다. 비판이론가는 이런 병리를 사회의 (물질적이고 상징적인) 재생산을 위협하는 사회의 기능 왜곡이나 기능 장애로만 이해해서는 안 된다. 만일 그렇다면 사회적 재생산에 있어서 (혁명적인) 균열이나 변화가 일어날 가능성 자체가 약해지기 때문이다. 비판이론 전통의 학자들을 자극한 것은 오히려 늘 규범적 사유이기도 했다. 그러나 사회의 제도와 구조를 판단하는 데 적용할 이런 규범을 비역사적인 것이나 사회 외부의 자리에서 가져올 수는 없다. (내가 보기에) 인간의 현실적 고통이야말로 비판이론의 규범적 출발점이다. 그래야만 사회적 행위자

---

1 비판이론 전통과 그 기초가 되는 원리에 대한 보다 상세한 재구성은 다음을 참조하라. Gertenbach/Rosa 2009.

의 실제 경험 안에 탄탄한 규범적 토대를 마련할 수 있다. 하지만 고통은 의식적 대항이 아니므로, 사회적 행위자가 고통을 받으면서도 명료하게 깨닫지 못하는 일은 늘 일어난다. **허위의식** 이론과 **이데올로기** 비판이 개입하는 지점이 바로 여기다. 뒤에서 분명해지겠지만, 내가 소외 개념을 다시 끌어들이는 것은 이런 전통을 따르는 것이다. 여러 논쟁이 있음에도 불구하고, 어떤 인간의 본질이나 본성을 끌어들여서 고통과 소외를 외부로부터 규정할 수 없음은 분명하다. 21세기에 이런 관념을 적용하려면 사회적 행위자 자신의 (서로 모순되는) 감정, 확신, 행위들에 근거를 두어야 한다.

내가 다른 곳에서 말한 것처럼(Rosa 2009), 비판이론의 현대적 형태에서 가장 유망한 길은 사회적 행위자 자신이 지닌 좋은 삶의 관념에 비추어 사회적 실천을 비판적으로 검토하는 것이다. (어느 정도는 캐나다 철학자 찰스 테일러Charles Taylor에게 받아들인 대로(이에 대한 상세한 논의는 Rosa 1998을 참조)) 행위하고 결정하는 인간 주체는 언제나 좋은 **삶**에 대한 어떤 (의식적이고 성찰적일 수도 있고 암묵적이고 불명료할 수도 있는) 관념의 인도를 받는다. 우리는 자신이 어디로 가고 있는지, 어떤 삶이 좋고 의미 있는지에 대한 감각을 가질 때에만 인간 행위자로 활동할 수 있다. 따라서 비판이론은 인간 본성이나 본질에 대한 하나의 개념에서 시작하는 것이 아니라, 사회가 야기한 현실적 인간들의 고통에서 시작해야 한다. 이를 위해 가장 유망한 길은 좋음에 대한 저러한 관념과 현실적인 사회적 실천 및 제도를 비판적으로 비교하는 것이다. 그러므로 사회적 비판이 먼저 겨냥해야 하는 지점은, 주체가 어떤 좋음에 대한 관념을 추구함에도 불구하고 결코 이를 실현할 수 없게 만드는 사회적 조건이다. 우리가 실현하는 삶의 형태를 스스로 결정한다는 의미에서의 자유 및 (개인적이고 집단적인) 자율의 관념, 그리고 (비판이론 전통에서 늘 핵심적이었던) 이러한 자율을 실현하기 위한 정치적·구조적·제도적 장애로부터의 해방 투쟁은 어떤 보편주의적 규범 토대 위에서 정당화할 필요도 없다. 다시 말해 자율과 자기결정이라는 약속, 개인이 자기 욕구와 열망과 능력에 ('진정성 있게') 일치하는 삶의 방식을 찾을 권리와 기회를 가져야 한다는 관념, 그리고 이를 위해 집단적이고 정치적으로 사회를 형성하도록 정치 공동체를 민주적으로 조직해야 한다는 관념은 근대성의 골자이자 (하버마스의 용어를 쓴다면) "근대성 기획"의 중핵이다. 따라서 우리의 자기결정 역량을 약화시키고 개인적이고 집단적인 자율의 잠재성을 저해하는 사회적 조건을 밝혀내고 비판해야 한다. 이런 사회적 조건이 사람들이 좋음에 대한 자기 자신의 관념을 실현할 수 없도록 조직적으로 가로막기 때문이다.

　마지막으로 여기에서 제안하는 접근법은 이런 전략을 따름으로써 비판이론 전통의 또 다른 두 가지 요건도 충족시킨다. 첫째, 이 접근법은 가령 악셀 호네트(2007)가 말한 "세계 내의 초월"의 조건을 충족시킨다. 이에 따르면 사회적 행위자는 스스로 어떤 삶과 사회의 형태가 더 나은지에 대한 감각을 여전히 지니고 있을 뿐만 아니라, 비판이론가가 탐구하는 병리에 대한 감수성, 일상적 실천에서 이런 병리를 극복할 수 있는 방도에 대한 지식도 갖추고 있다. 그 이유는 장기적으로 보아 사회적 행위자의 좋음에 대한 관념과 일상적 실천이 서로 완전히 해리될 수는 없기 때문이다. 무자비한 공포정치 하에 살지 않는다면 말이다. 오히려 사회제도와 구조를 정당화하는 것은 보통은 사회적 행위자의 역할에 의미를 부여하는 좋음의 관념이다. 바로 이 때문에 나의 비판이론은 [비판이론 전통의 두 번째 요건인] 사회가 하나의 통일적 전체라는 의미에서 전체성으로서의 사회적 삶이라는 관념도 유지한다. 최근 신자유주의자뿐 아니라 탈구조주의자와 해체주의자도 사회를 통일적 법률이나 구조가 통치하는 통합적 배치로서 사회학적으로 파악할 수 없다고 주장해 왔다. 이런 견해는 무수한 개인(과 가족) 및 서로 모순되는 대립적인 행위들만 있을 뿐 "사회 같은 것은 없다"는 마거릿 대처Margaret Thatcher의 저 유명한 말을 반영하는 것이다. 이에 비해 비판이론은 언제나 구조 · 제도 · 행위가 하나의 사회적 배치라는 의미에서 통합된 단위이며, 이론의 과제는 바로 이러한 배치를 다스리는 법과 권력을 발견하고 비판적으로 분석하는 일이라고 주장해 왔다. 따라서 나는 사회적 가속에 대한 비판이론이 어떤 장점을 가진다고 주장한다. 그것은 (초기 근대부터 '고전적인' 포드주의 근대를 거쳐 '후기 근대'에 이르기까지) 근대의 생산 및 소비 체제의 변형을 설명할 수 있으며, 나아가 사회적 가속이라는 현재진행형 과정의 불가피한 결과로서 정체성 형성과 정치 문화의 변형까지 설명할 수 있다. 위에서 지적한 것처럼 내가 이해하는 바에 따르면, 근대화의 역사는 지속적인 사회적 가속의 역사이며 이는 어떤 중층적 과정을 통해 사회를 끊임없이 변화시킨다.

하지만 비판이론의 현재 논쟁에 친숙한 독자에게는 이런 주장이 퍽 이례적으로 보일 수 있다. 비판이론에서 단연 돋보이는 현대적 형태, 즉 위르겐 하버마스의 비판이론과 악셀 호네트의 비판이론이 사회적 전체성의 후보로서 제시하는 것은 꽤 다르기 때문이다. 하버마스에게 어떤 사회의 '종합'은 의사소통의 관계에, 그리고 의사소통으로 구성된 생활세계에 있다. 반면 호네트에게 사회의 토대를 형성하는 것은 **사회적 인정**의 관계이다. 그러므로 이들 접근법 사이의 관계와 사회적 가속에 대한 나의 개념을 소략하게 논의하고자 한다. 사실 가속은 어떤 실체가 아니라 과정이다. 따라서 나는 당연히 사회적 가속이 근대사회의 토대나 **종합**이라기보다는 근대사회의 **잠재력**, 근대사회의 동력이자 변화 논리 혹은 변화 법칙이라고 주장한다. 또한 나는 (의사소통이나 인정에 의한) 상호작용의 조건이 사회의 토대를 이룬다는 것을 부정하지 않으면서도, 의사소통과 인정을 적절하게 분석하고 이해하려면 사회적 가속의 역동적 차원과 추동력을 감안해야 한다고 주장한다.

7장

가속과 '의사소통 조건 비판'

위르겐 하버마스의 가장 영향력 있는 저서 《의사소통행위이론》(Habermas 1984, 1989)에 따르면, 사회적 병리는 의사소통 조건의 구조적 왜곡에 의해 발생한다. 따라서 하버마스에게 비판이론의 과제와 목적은 이러한 왜곡을 일으키는 모든 (구조적) 힘을 해명하는 것이다. 그의 이론, 그리고 그 이론의 사회학적·메타언어학적 정당화는 매우 복합적이지만(그리고 세부적으로는 논쟁의 여지가 있지만) 기본 아이디어는 단순하면서도 설득력이 있다. 하버마스의 주장에 따르면, **권력**과 **지식**(혹은 규범과 진리 주장)이 정당화되는 것은 왜곡하는 권력관계로부터 자유로운 토론의 결과일 때(혹은 이러한 결과로 재구성할 수 있을 때)뿐이다. 이러한 토론에서는 오로지 '더 나은 논변의 힘'과 그 논리 위에서 모든 논변이 정식화될 수 있고 숙의된다.

이러한 논변의 정식화, 여과, 집단 숙의는 당연히 시간이 많이 든다. 학계에서도 그렇다. 학술대회와 논문은 너무 빠르게 잇따른다. 더 심각한 일은 출판되는 논문, 책, 학술지가 너무 많다. '발표하지 않으면 도태되는' 이 시대에 쓰고 말하는 사람들은 자기 논변을 적절하게 발전시킬 충분한 시간이 거의 없고, 읽고 듣는 사람들은 반복적이고 덜 익은 수많은 출판물과 발표 사이에서 길을 잃는다. 나는 현재 적어도 사회과학과 인문학에서는 더 나은 논변이 지닌 설득력에 대한 공동 숙의가 거의 없고, 더 많은 출판과 학술대회와 연구 프로젝트를 위한 통제 불능의 광적 질주만 있다고 생각한다. 그리고 여기에서 성공 여부는 논변의 힘보다는 인맥에 의지한다.

정계의 상황은 더 나쁘다. 하버마스(1992)와 그의 숙의민주주의 관념의 옹호자들은 근대 정치권력의 정당성이 수많은 무대 및 여과가 필요한 중층적이고 민주적인 과정에서 나온다는 점을 명료하게 보여 주었다. 주장과 논변을 정식화할 기회는 모든 사회집단에게, 궁극적으로는 모든 개인에게도 주어져야 한다. 또 정치적 논변은 숙의 및 대의의 과정에서 점진적으로 여과되고 위로 전달되어 마지막에는 집단적 구속력을 지닌 법률로 전화해야 한다. 그러나 하버마스의 이러한 견해를 엄밀하게 수용하지 않는다고 해도, 민주주의가 시간이 많이 드는 과정임은 부인할 수 없다.

(숙의를 통한) 민주적 의사 형성과 의사 결정을 위해서는 모든 관련 집단을 확인하고 조직화하고, 강령과 논변을 정식화하고, 집단의 사를 형성하며, 최종적으로 으뜸가는 논변을 집단적으로 탐색해야 한다. 탈관습주의적 다원주의와 전 지구적 복합성이라는 후기 근대의 조건 하에서 이러한 과정에는 실로 더 많은 시간이 필요하다. 더 많은 사람과 집단이 관련되어 있고, 그저 당연히 받아들이는 일은 줄어들며, 더 다양한 견해와 욕구를 염두에 두어야 하기 때문이다. 나아가 결정의 결과와 배경 조건도 더 복잡해졌다. 그러나 앞에서 밝힌 사회적 가속 때문에 정치인이 쓸 수 있는 시간 자원은 늘어나는 것이 아니라 오히려 줄어든다. 기술적 혁신, 경제적 거래와 문화적 삶이 빨라지므로 더 짧은 시간 동안 더 많은 결정을 내려야 한다. 다시 말해 의사 결정이 더 빠르게 일어나는 것이다(자세한 설명은 다음을 참고하라. Rosa 2005b, Scheuerman 2004, Rosa/Scheuerman 2009).

그래서 민주적이고 숙의를 통한 의사 형성의 시간 지평 및 시간 유형과, 기술적 · 과학적 · 경제적 · 문화적 영역의 시간 지평 및 시간 유형 사이에 격차가 벌어진다. 그 결과는 분명하다. 후기 근대의 정치에서는 (이전에 그런 것이 있었다면) 더 나은 논변의 힘이 아니라 복수심, 직감, 은근히 암시하는 은유와 이미지의 힘이 미래 정책을 결정한다. 당연히 이미지는 논변보다 빠르고 심지어 단어보다도 빠르다. 이미지는 대개 무의식적으로 즉각적 효과를 발휘한다. 의사 형성의 이 역동적 물결 앞에서 더 나은 논변은 무력해진다.

이러한 점을 감안할 때 아널드 슈워제네거Arnold Schwarzenegger · 니콜라 사르코지Nicolas Sarkozy · 실비오 베를루스코니Silvio Berlusconi 같은 미디어 스타가 공직과 권력을 장악하는 것, 그리고 정치에서 어떤 '심미적 전환'이 일어나는 것은 우연이 아니다. 선거를 이기는 데는 철두철미한 관념, 강령, 복잡한 논변이 아니라 정치인이나 정치운동의 '쿨함'이 중요하다. 유권자의 호감도 대단히 변덕스럽고 역동적이 되었다. 즉, 논변이 아니라 사건의 날조와 '꾸미기'에 힘입어 다수파가 된다.

물론 어떤 의미에서는 민주주의도 가속될 수 있다. 컴퓨터, 라디오, 텔레비전을 통한 (즉각적) 전자 여론조사로 정치 여론과 다수가 몇 초 만에 형성된다. 그러나 이런 여론조사는 논변을 정식화하고 토의하고 저울질하고 검토하는 숙의 과정을 전혀 반영하지 않는다. 오히려 이것은 **더 나은 논변의 힘으로부터** 대부분 혹은 **완전하게 면제된** 직감적 반응을 반영할 뿐이다.

요약하자면, 단어는 물론이고 그보다 더 심각하게 논변은 (혹은 조지 마이어슨George Myerson(2001: 46, 혹은 다음도 참조. Rosa 2005a: 249 이하)의 말마따나 심지어 **의미** 자체라는 매체까지도) 후기 근대 세계의 속도에 비해 **너무 느려졌다.** 따라서 자본주의적 분배 유형은 어느 정도는 정의에 대한 요구와 무관해지고 그 요구로부터 면제되었다. 특정 분배 유형에 찬성하거나 반대하는 논변을 검증하는 일이 극히 어려워진 까닭에, 분배 유형은 그저 사회경제적 조류의 흐름에 따라 숨가쁜 속도로 형성되고 재형성된다. 이에 대해 여기에서 깊이 있게 논의할 시간도, 지면도, 의욕도 없다. 다만 의사소통 조건에 대한 하버마스의 기본적 우려를 공유하고 이를 비판이론의 출발점으로 여기는 사람이라면, 이러한 조건의 시간 구조를 진지하게 염두에 두어야 한다는 것은 너무나 자명하다.

8장

가속과 '사회적 인정 조건 비판'

정의로운 (그리고 이성적인) 사회에 대한
하버마스의 관념에는 명백한 내재적 속도제한이 있지만, 정당화 가
능한 상호 인정 형태에 기초한 악셀 호네트(1996)의 사회이론은 흥미
롭게도 이런 시간적 제한이 없다. 의사소통에는 시간이 많이 들지
만 인정은 반드시 그런 것은 아니다. 그러나 인정에 대한 비판이론
도 장기적으로는 사회적 가속의 결과(와 원인)를 간과할 수 없다. 나
는 호네트와 그의 이론의 옹호자들이 이를 염두에 두지 않으면 사회
적 인정의 조건이 현대사회에서 어떻게 변화하고 있고 이 변화가 어

떠한 해로운 부작용을 가져오는지 보지 못할 것이라고 믿는다.

무엇보다 지배적인 사회 규범으로서 속도는 근대사회에서는 완벽하게 '자연화'되었다(시간적 규범과 구조는 그저 '주어진' 것처럼 보일 뿐, 결코 사회적으로 구성되고 정치적으로 협상될 수 있는 것으로 인식되지 않는다). 속도는 정당한 인정과 불인정을 분배하는 데 활용된다. 빠른 자가 승리하고 느린 자는 뒤처지고 패배한다. 그뿐 아니라 구조적 불인정이 분노와 반항을 야기한다는 호네트의 가정과 달리, 속도 게임에서 불인정을 겪는 사람이 스스로 부정의를 겪는다고 느끼는 일은 드물다. 뒤처지는 사람은 스스로를 탓할 뿐이다. 왜냐하면 2장의 ⓐ에서 논의한 '성과'의 정의에 따라 경쟁은 속도와 내재적으로 얽혀 있고, 심지어 호네트 자신도 적어도 경제 영역에서는 경쟁을 정당한 분배 기제로 여기기 때문이다. 앞에서 논의한 것처럼 경쟁과 성취의 이런 논리는 사회적 가속의 핵심 동력이다. 이 때문에 근대사회에서 인정투쟁은 속도 게임이기도 하다. 우리가 경쟁을 통해 사회적 평가를 획득하므로 속도는 근대사회가 그리는 인정 지도에서 본질적이다. 사회적 인정을 획득(그리고 유지)하려면 빠르고 유연해야 한다. 뿐만 아니라 우리의 인정투쟁은 쉬지 않고 가속의 바퀴를 돌린다.

현 시대의 인정 모델과 불인정의 두려움이 전근대 시기와 어떻게 다른지 살펴보자. 신분제와 토지에 기초한 사회에서 분배와 인정의 모델은 미리 고정된다. 어떤 사람이 얻는 위치, 특권, 지위, 인정은 어느 정도는 출생에 의해 규정된다. 왕, 공작, 승려, 병사, 농노는 모두 흡사 존재론적으로 구조가 정해진 분배 지도에서 각각 미리 규정된 몫(지위, 권리, 특권, 의무)을 가진다. 그러므로 많은 재화와 특권에서 배척되더라도 이런 배제는 (존재론적 근거를 지닌) 세계 구조에 의한 것이다. (거시적 사회세계에서) 인정투쟁은 기존 사회구조에 **대항하는** 투쟁일 수밖에 없으므로 일상생활에서 고려할 문제는 아니었다.

이에 반해 근대사회에서는 세계에서의 위치가 미리 규정되지 않는다. 분배와 인정의 지도는 스스로 획득한 위치에 따라 다시 그려진다. 사람들이 얻는 지위, 특권, 인정, 부는 그들의 성과에 달려 있다. 여기에서 '세계에서의 위치'는 (적어도 원칙적으로는) 경쟁에 의해 분배된다. 이를 위해서는 세계의 '역동화'가 필요하다. 즉, 직업과 가족 구조, 종교적·정치적 '위치'(즉, 신앙과 정견)는 아버지에게 그저 물려받은 것이 아니다. 각 세대는 혁신의 주인공으로 여겨진다. 아들은 (그리고 나중에는 딸도) 직업을 고르고 가정을 이루고 종교적이고 정치적인 입장을 정하는 일 등에서 자유롭다. 따라서 인정은 경쟁 게임의 결과인 위치 지도에 의거하여 '사후' 분배된다. 그래서 불인정의 두려움의 핵심은 자신이 원하는 위치에 이르지 못하는 것, 다시 말해 얻고 싶은 직위·아내·자녀·집·자동차를 못 얻는 것이다. 또한 인정투쟁은 더 나은 위치를 얻으려는 투쟁이거나, 위치가 지닌 상대적 장점과 가치를 다시 정의하는 투쟁이다.

그렇지만 사회적 가속 과정이 사회 변화의 세대적 속도에서 세대 내적 속도로 옮겨 감에 따라, 즉 우리가 앞에서 정의한 '고전적 근대'에서 '후기 근대'로 옮겨 감에 따라, 인정투쟁의 형태는 다시 변한다. 오늘날에는 경쟁 게임에서 정해진 위치를 얻는 것으로는 충분하지 않다. 직업과 가정, 정치적이거나 종교적 소속은 평생 유지되지 않는다. 따라서 (사회계층에서 더 높은 쪽에 있는) 기업 임원·편집장·교수임 혹은 (사회계층에서 더 낮은 쪽에 있는) 청소부·경비원·안내원임으로는 충분하지 않다. 인정(그리고 부, 안전, 특권 등 인정에 수반되는 모든 것)은 **실적**에 의거하여 분배된다. 분기보고서에서 실적이 하락한 임원, 열독률이 떨어진 신문 편집인, 랭킹이 높은 학술지에 정기적으로 논문을 발표하지 못한 교수는 계속 몰락하다가 언젠가 일자리를 잃을 수 있다. 청소부나 안내원도 임시계약직으로 고용되고 **실적**에 따라 계약을 갱신한다. 이런 식으로 인정투쟁은 이제 위치가 아니라 실적을 둘러싸고 벌어진다. 인정은 더 이상 한평생의 성과가 아니라 점점 더 하루하루의 업무가 되고 있다. 어제의 승리와 성과는 내일에는 거의 중시되지 않는다. 인정은 더 이상 축적되지 않는다. 사건의 끊임없는 흐름에 의해, 그리고 사회적 경관의 변동에 의해 인정은 언제나 가치를 모조리 잃을 위험에 처해 있다. 위치는 사회적 평가를 획득하고 유지할 기회를 얻는 데 중요하다. 그러나 이 위치를 결코 안정적으로 가질 수 없으며, 이 위치가 내일도 가치를 지닐 거라고 절대 확신할 수 없다.

　그 결과 이 과도하게 역동적인 인정투쟁에서 개인이 사상의 세계에서 '평생 위치'를 지니는 일도 이제는 불가능하다. 정치 문화와 유권자 변화에 관한 여론조사에서 알 수 있듯이, 정치적 변덕이 계속 늘어나고 있다. 사람들은 이제 그저 **보수정당이나 좌파정당이나 녹색당 지지자**가 아니라, 정당과 정치가의 **실적**에 따라 정치적 선호를 바꾸는 경향이 있다. 이런 추세는 종교 영역에서도 나타난다. 종교기관의 '실적'에 따라 종교적 소속을 바꿀 수도 있다는 의사가 상당히 높아졌다. 사회적·물리적·정신적 경관의 쉴 새 없는 역동화에 대한 극적 반동으로서 세계에 대한 견고하고 변치 않는 태도를 얻기 위해 신앙인이 최악의 '근본주의자'로 변하지만 않는다면 말이다. 알랭 에른베르Alain Ehrenberg(1999)나 악셀 호네트(2003) 같은 학자들의 관찰에 따르면, 후기 근대의 자아는 점점 '탈진'하고 있다. 이는 질병으로서의 우울증과 탈진증후군의 증가를 통해 경험적으로 측정된다. 이는 (그 때문만은 아니더라도) 대체로 인정투쟁 때문이다. 인정투쟁은 은유적으로 말하면 매일 아침 다시 시작되며 이제 어떠한 안전한 휴식처나 안정적 시기도 없다.

따라서 후기 근대의 소건에서, 그리고 세대 내적 속도의 사회 변화에 있어 일상생활의 인정투쟁은 극심해졌다. 인정투쟁의 논리가 '위치' 경쟁에서 '실적' 경쟁으로 바뀜에 따라 주체는 항구적 불안정, 고도의 우연성, 점증하는 허무감에 시달린다. 불안정은 뒤떨어짐 때문이므로 평생 살아가면서 '뒤처짐'보다 무서운 일이 없다. 부모는 갓 태어난 아기가 이러저러한 의미에서 '지체'가 아닐까 편집증적으로 두려워한다.

한마디로 경쟁사회의 인정투쟁은 사회적 가속의 항상적 동력이므로, 사회 변화 속도가 빨라짐에 따라 인정투쟁 형태도 급변한다.

이러한 시간적 차원을 감안하지 않는다면 이 투쟁의 논리를 제대로 이해할 수 없다. 그러므로 인정 조건의 비판이론도 사회직 가속의 비판이론과 내재적으로 얽혀 있다. 사실 전자는 후자의 본질적인 한 부분일 수 있다.

9장

신종 전체주의로서의 가속

이 장에서 나의 주장은 사회적 가속이 실로 근대사회 내부의 전체주의 권력, 그리고 근대사회 위에 군림하는 전체주의 권력이 되었다는 것이다. 따라서 모든 형태의 전체주의 통치와 마찬가지로 사회적 가속도 비판받아야 한다. 물론 여기에서 '전체주의'라는 용어가 정치적 독재나 정치적 집단, 계급, 정당을 가리키는 것은 아니다. 후기 근대사회에서 전체주의 권력은 그 통치 아래 사는 모두를 예속시키는 어떤 추상적 원리에 기초한다. 나는 다음의 경우에 해당하는 권력을 전체주의라고 부를 것을 제안한다. ⓐ신민의 의지와 행동에 압력을 행사하고, ⓑ그로부터 빠져나갈 수 없으며(모든 신민이 그 영향을 받으며), ⓒ모든 것에 침투하고(그 영향이 사회적 삶의 특정 영역에 제한되는 것이 아니라 모든 영역에 미치고), ⓓ그것을 비판하거나 그에 대항하여 싸우는 것이 어렵거나 거의 불가능할 때이다.

물론 다음과 같은 체제를 '전체주의'라고 부를 수도 있겠다. 신민들이 끔찍한 공포를 느끼며 가슴이 짓눌린 채 한밤중에 깨어나고, 심장이 두근거리고 이마에 식은땀을 흘리면서 자기가 곧 죽을 것이라고 예감하는 그런 체제 말이다. 그런데 이렇게 매일 밤 깨어나는 사람들은 사담 후세인Saddam Hussein의 이라크나 심지어 현재의 북한보다 소위 자유롭고 발전한 서구 국가들에서 훨씬 더 많을 것이다. 아무리 잔인한 정치적 독재라도 ⓑ, ⓒ, ⓓ의 조건을 완벽하게 충족하는 것은 거의 불가능하다. 폭군의 비밀경찰에게도 어떤 식으로든 저항하거나 투쟁할 수 있고 피하거나 빠져나올 수 있다. 이들은 적어도 일상의 모든 측면을 통제할 수는 없다.

사회적 가속은 다르다. 앞에서 보았듯, 사회적 삶의 어떤 영역도 속도의 독재로부터 영향을 받지 않거나 변형되지 않기는 어렵다. 사회적 가속이 진행되면 우리의 시공간 체제 자체가 변형되므로, 사회적 가속은 모든 것에 침투하고 모든 것을 망라한다고 할 수 있다. 그것은 우리에게 끊임없는 두려움을 주입함으로써 압력을 행사한다. 투쟁에서 패할 것이라는 두려움, 더 이상 속도를 유지할 수 없을 것이라는 두려움, 즉 우리가 직면한 (끝없이 늘어나는) 요구를 충족시킬 수 없을 것이라는 두려움, 휴식을 취하면 생존경쟁에서 도태될 것이라는 두려움이다. 실업자나 병자에게는 경주에서 달리고 있는 사람들을 결코 따라잡을 수 없을 것이라는 두려움, 이미 **뒤처져 있다**는 두려움이다. 잘 준비된 특권적 위치에서 경쟁을 시작하는 사람도 전력을 다해 재빨리 달려야 하고 경주에서 탈락하지 않기 위해 젖 먹던 힘까지 짜내야 한다. 하물며 이미 결함을 안고 시작하는 사람이라면 이들을 따라잡으려는 노력 따위는 포기하는 편이 합리적으로 보인다. 이들은 불치의 배제자라는 새로운 사회집단, 이른바 '프레카리아트precariat'이다.

이와 관련하여 나의 비판적 접근의 핵심은, 이런 독재가 사회적으로 구성된다는 사실이 거의 인식되거나 지각되지 않는다는 점이다. 이런 독재는 (원칙적으로 늘 이의를 제기하거나 저항하고 위반할 수 있는) 규범적 주장이나 규칙으로 진술되지 않고, 정치적 토론에서 주요하게 다뤄지시도 않는다. 시간은 여전히 자연적으로 주어지고 그 자체로 존재하는 것으로 경험된다. 사람들은 시간이 부족하다고 느끼면 스스로 시간 관리를 못했다고 자학한다. 이제까지 시간은 기본적으로 정치 영역을 넘어선 어떤 것이었다.

따라서 나는 3부에서 사회적 가속의 비판이론에 대한 개요를 서술하면서 근대사회가 윤리적이고 시간적인 관점에서 자신을 이해하는 방식에 대한 이데올로기 비판을 재구성할 텐데(12장), 그에 앞서 사회적 가속에 대한 **기능주의적** 비판을 먼저 다룰 것이다(11장). 나의 주장은 심지어 규범적 사유 **바깥에서도** 후기 근대의 사회적 상호작용의 숨가쁜 속도가 근대사회의 재생산 능력을 약화시킬 수 있다는 것이다. 13장에서는 한편으로 윤리적이고 정치적인 '근대 기획' 및 자기결정이라는 계몽의 약속과, 다른 한편으로 사회적 가속이라는 (근대화) 과정 사이의 변증법적 관계를 논할 것이다. '근대 기획'을 추구함에 있어서 세계의 역동화는 어느 정도 불가피하지만, 후기 근대의 속도 수준은 이제 '근대 기획'을 약화시키는 경향이 있다. 마지막 14장에서는 새로운 비판이론의 개요를 보여 줄 것인데, 이는 소외 개념을 다시 정립하고, 이 개념을 '공명하는' 세계라는 개념과 대질하는 작업이 될 것이다.

10장

시간적 조건에 대한 세 가지 비판

사회비판을 사회의 시간적 조건 분석이라는 토대 위에 세운다는 발상의 배경에는 시간이 사회조직의 모든 요소에 침투한다는 사실이 깔려 있다. 실로 모든 사회적 제도, 구조, 상호작용은 그 본성상 일련의 과정이며 따라서 시간 유형과 관련된다. 시간은 사회적인 것 중 하나의 특수 영역이 아니라 그 모든 차원의 핵심이다. 그러므로 사회의 시간적 측면을 통해 사회에 접근하는 것은, 분석과 비판에 지속적이고 통일적인 초점을 제공하는 '비결'이다. 그러나 앞에서 본 것처럼 '사회적 가속' 개념은 시간적 영역을 넘어서고 있다. (사회의 시간적 차원, 사회적 차원, 사태적 차원이라는 니클라스 루만의 유명한 구분을 활용하면) 사회적 가속이 사회의 시간적 진화의 동력일 뿐만 아니라, 그것의 사회적 조직과 사태적 조직에서 변화의 동력이기도 하기 때문이다. 사회적 가속은 근대화의 핵심 과정이므로 근대사회 비판은 이것을 출발점으로 삼는 것이 좋다.

일반적으로 사회비판에는 두 가지 혹은 세 가지 기본 형태가 있다. 첫째, 사회적 제도와 실천에 대한 다양한 형태의 **기능주의적** 비판이 있다. 예를 들어, 후기 마르크스와 그를 따르는 무수한 마르크스주의자는 자본주의가 내적 모순에 의해 침식되는데, 이 모순은 필연적으로 심각한 위기를 일으켜 조만간 사회적 재생산을 무너뜨릴 것이라고 주장한다. 간단히 말해 기능주의적 비판은 사회 체계(혹은 실천)가 장기적으로 **작동하지는 않는다**는 주장을 깔고 있다. 이는 비판의 두 번째 형태인 **규범적 비판**과는 확연히 다르다. 물론 기능주의적 비판과 규범적 비판을 조합할 수 있으나, 분석적으로는 둘을 분명하게 구분해야 한다. 규범적 비판은 어떤 사회적 배치나 구조가 규범과 가치에 비추어 **좋지 않다**거나 **정당화할 수 없다**고 주장하는데, 이 규범과 가치는 이 비판과는 별도로 정의되거나 발견되고 정당화되어야 한다. 규범적 비판에는 두 가지 형태가 있다. 하나는 '도덕적' 비판이고 다른 하나는 '윤리적' 비판이다. 도덕적 비판은 기본적으로 정의의 개념에 기초한다. 따라서 그 논변은 보통 주어진 사회제도에서 재화, 권리, 지위, 특권의 부정의한(예컨대 불공평한)

분배가 일어난다는 것이다. 여기에서 초점은 일반적으로 **사회적 관계**, 즉 집단과 개인들이 서로에 대해 상대적으로 놓인 위치이다.

이와 달리 **윤리적 비판**의 기초는 좋은 삶의 관념(혹은 부정적으로 말하자면, 소외 상태와 같이 좋은 삶의 실현을 구조적으로 약화시키는 조건의 관념)이다. 여기에서 논변은 정의에 관한 것이 아니라 행복의 가능성에 관한 것이다. 그래서 이런 비판은 일반적으로 좋은 삶의 실현을 가로막는 구조나 실천을 확인하는 방식으로 이루어진다. 가령 어떤 소외 조건이 있기는 하지만, 모든 사회 구성원이 이로부터 공평하게 영향을 받을 수도 있을 것이다〔이 경우 도덕적 비판은 피할 수 있지만 윤리적 비판은 피할 수 없다〕. 물론 윤리적 비판에서는 비판 대상인 사회에서 일반적으로 수용되거나 정당화되는 규범과 가치(혹은 좋은 삶의 관념)가 무엇인지 규정하는 것이 매우 어렵다. 도덕적 비판의 현대적 형태(예를 들어 대부분의 자유주의 접근, 나아가 담론윤리 전통의 접근)는 종종 정의의 '보편주의적' 관념을 출발점으로 삼고자 한다. 반면 (찰스 테일러나 알래스데어 매킨타이어 Alasdair MacIntyre 등 공동체주의자의) 윤리적 비판은 근대의 담론과 실천에 이미 포함되어 있는, 따라서 특정 시대와 사회에 국한된 좋은 삶의 관념을 규범적 기초로 취하는 경향이 있다. 그 이유는 근대의 사회철학에서는 더 이상 불변의 인간 '본질'이나 '본성' 같은 것을 찾을 수 있다고 믿지 않기 때문이다. 그러나 도덕적 비판이건 윤리적 비판이건, 규범적 비판은 자신의 규범적 토대를 명료하게 정당화해야 한다.

다음으로 나는 사회적 가속의 비판이론이 이 세 가지 사회비판 형태를 어떻게 통합할 수 있는지 보여 주고, 이를 통해 비판이론의 전통을 이어 나가고자 한다. 이 전통은 늘 자본주의사회의 극복할 수 없는 내적 (계급) 모순에 대한 (마르크스가 영감을 준) 기능적 비판, 근본적인 (분배적) 부정의에 대한 도덕적 비판, (초기 마르크스에 연원하는) 소외된 삶과 허위욕구에 대한 윤리적 비판을 결합하기를 추구해 왔다.

나는 다양한 과정들이 비동시화되어 일어나는 병리에 대한 기능주의적 분석에서 출발할 것이다. 그 다음 보이지 않는 시간 규범에 대한 규범적(그리고 이데올로기적) 비판으로 옮겨 가고, 마지막으로 시간적 관점에서 소외 개념을 다시 확립하는 방식을 간략히 제시할 것이다.

11장

기능주의적 비판: 비동시화의 병리

근대사회에서는 '모든 과정'이 사회적으로 로 가속된다는 주장을 자주 접한다(가령 Gleich 1999). 그러나 명백히 그 렇지 않다. 3장에서 보았듯 (가령 자연에서, 그리고 지질학적 차원에 서처럼) 전혀 가속되지 않는 것, 이제까지 가속되지 않은 것, 역동화 의 결과로 심지어 **감속**되는 것도 많다. 뿐만 아니라 가속되는 현상 에 있어서도 가속이 **다양한 정도**로 이루어질 수 있다. 이로 인해 빠 른 제도, 절차, 실천과 느린 제도, 절차, 실천의 경계에서 불가피하 게 균열과 긴장이 일어난다. 두 과정이 서로 맞물릴 때, 즉 이들이

동시화될 때 그중 하나의 가속은 다른 것에 시간적 압력을 가한다. 이 다른 것은 함께 가속하지 않으면 성가신 제동장치나 장애물로 여겨진다. 열차시간표라는 단순한 예를 들어 보자. 함부르크에서 코펜하겐까지 기차로 3시간이 걸리고 거기에서 덴마크의 작은 마을까지 다시 30분이 걸린다고 할 때, 이제 '큰 기차'의 속도가 빨라져서 코펜하겐에 이전보다 20분 빨리 도착하게 되었다. 그 결과 여행자는 갈아탈 기차를 타기 위해 20분을 기다려야 하는데, 이것은 쓸데없는 시간 낭비로 느껴진다. 그렇지 않으려면 '작은 기차'가 빨라진 시간에 맞추어 20분 일찍 떠나야 한다. 마찬가지로 당신이 시간에 쫓겨 가판대에서 신문을 사려고 하는데 가판대 주인이 느린 삶을 즐기려고 직장을 그만둔 사람이라면? 두 사람은 비동시적 상호작용을 경험할 것이다. 당신은 끔찍하게 지연되고 불필요하게 느리다고 느끼는 반면, 주인은 끔찍한 재촉을 받고 불필요한 시간적 압력을 받는다고 느낄 것이나.

좀 더 체계적인 용어로 표현하면 비동시화는 사회적 세계와 사회 외부 세계 사이에도 일어나고, 사회 여러 영역의 상이한 속도 유형 사이에도 일어난다. 전자와 관련하여 나의 동료인 독일 학자 프리츠 레하이스Fritz Reheis(1996)는 오래전에 이렇게 주장했다. 사회의 가속은 주위 자연의 시간 틀에 구조적으로 과부하를 가한다. 우리는 석유나 토양 같은 자연자원을 그것의 재생산 속도보다 훨씬 빠르게 소모하며, 자연이 처리할 수 있는 것보다 훨씬 빠른 속도로 유독성 쓰레기를 내다 버린다. 지구 대기의 온난화는 그 자체로 사회적으로 유발된 물질적 가속 과정의 결과에 다름 아니다. 석유와 가스에 저장된 에너지를 소비함으로써 우리는 말 그대로 대기 분자를 데워서 가속시키고 있다. 열은 빠른 분자운동의 원인이자 결과이기 때문이다. 다른 한편, 사회의 빠른 속도는 인간의 육체와 정신에도 과부하를 가할 수 있다. 알랭 에른베르(1999)나 로타르 바이어Lothar Baier(2000) 같은 학자의 주장에 따르면, 우울증이나 탈진증후군이 급증하는 것은 근대사회에서 시간적 과부하 혹은 스트레스 상승에 대한 반응이다. 실로 우울증에 걸린 사람의 시간 인식은 크게 변한다. 역동적이고 어수선한 시간에서 떨어져 나와 시간의 수렁으로 빠져드는데, 여기에서 시간은 움직임을 그치고 그 자리에 멈춘다. 과거, 현재, 미래의 의미 있는 연결이 영구히 끊어진 듯하다.

　그러나 인간의 적응성에 고정된 한계를 부여하는 일에는 극히 신중해야 한다. 철도가 도입된 초기에 의사들은 시속 25킬로미터나 30킬로미터 이상의 속도에서는 사람의 몸과 뇌가 심각한 손상을 입는다고 믿었다. 여행자가 이런 속도로 달리는 기차에서 바깥을 내다볼 때 속이 메스꺼워진다는 단순한 사실이 이에 대한 명백한 증거로 제시되었다. 하지만 오늘날 우리 중 많은 사람들은 기차가 시속 25킬로미터나 30킬로미터로 움직이면 시간 낭비를 견딜 수 없어 메스꺼움을 느낄 것이다. 우리는 '파노라마 시각'의 기술, 곧 시선을 도로변이 아니라 그 너머 멀리 두는 기술을 배워 빠른 이동을 즐기게 되었다(Schivelbusch 2000). 이와 마찬가지로 최근 연구에 따르면 오늘날 젊은이들은 과거 세대의 뇌는 할 수 없던 멀티태스킹 능력을 발달시

켰다.

사회학적으로 본다면, 그러니까 눈을 사회 차원으로 돌리면 더 흥미롭다. 사회의 여러 영역은 서로 다른 정도로 가속될 수 있다. 그래서 경제적 거래, 과학적 발견, 기술적 혁신의 속도는 지난 수십 년 동안 급상승했지만 정책 결정 속도는 그렇지 않았고 문화적 재생산 속도, 즉 상징적 지식이 세대를 거치며 전승되는 속도도 확실히 제한적이었다. 근대 서구 세계는 정치가 사회적·문화적 발전 속도를 결정한다는 생각에 크게 의존한다. **민주적** 사회라면 기본적으로 과학, 기술, 경제가 작동하는 틀과 방향을 정치가 규제해야 한다는 것이다. 그러려면 '적시의 정치'라는 매우 까다로운 토대가 마련되어야 한다. 즉, 정치적 의사 결정과 사회적 진화가 동시적이거나 또는 적어도 동시적일 수 있어야 한다는 전제가 마련되어야 한다. 그렇지만 내가 다른 곳에서 밝힌 바와 같이, 민주주의는 시간을 잡아먹는 과정이다(Rosa 2005b). 대중을 조직하고, 특정 사안에 관련된 사회적 집단을 지목하며, 논변들을 구성하여 서로 저울질하고, 합의를 도출하여 숙의적 결정을 내리는 것은 한마디로 시간이 많이 걸린다. 또한 이런 결정을 실행에 옮기는 데도 시간이 많이 걸린다. 특히 전체주의적이지 않은 법치 사회에서 그렇다.

후기 근대에는 이런 과정에 **더 많은 시간**이 든다. 사회가 더 다원적이고 덜 관습적이게 되기 때문이다. 사회집단들이 더 이질적이고 역동적이 되면, 그리고 배경 조건이 더 빨리 변하면 여론 형성 과정을 조직하는 시간이 더 오래 걸린다. 배경 조건이 덜 안정적이므로 계획과 계산에 시간이 더 드는 것이다. 사회적 · 문화적 · 경제적 변화를 가속하는 바로 그 과정으로 인해 민주적인 의사 형성과 의사 결정은 오히려 **느려지고**, 정치는 사회경제적인 삶과 진화로부터 곧바로 비동시화된다. 그리하여 오늘날 정치는 더 이상 사회 변화 및 진화의 페이스메이커로 여겨지지 않는다. 도리어 이제 (2010년에도 이 말이 의미가 있다면) '진보적' 정치의 특징은 경제 거래와 기술 발전을 둔화시키려는 정치적 의지를 드러낸다. 이는 사회의 속도와 방향에 대한 정치적 통제력을 획득하고 유지하기 위함이다. 가령 단기성 외환 거래에 부과하는 토빈세Tobin's tax 등이 그러한 수단이다. 이와 달리 오늘날 자유주의적 '보수주의자'는 정치적 규제를 줄임으로써 사회경제적 · 기술적 과정들을 더 빠르게 하는 쪽을 택한다. 이처럼 정치의 시간 척도에 있어서 **진보**와 **보수**가 뒤바뀌는 것을 보면, 정치가 사회의 기술 및 경제 영역과 비동시화되는 현상이 잘 드러난다. 이와 함께 정치의 지도력이라는 이념이 초기 근대와 고전적 근대에는 사회적 역동화의 수단으로 여겨졌지만, 후기 근대의 조건에서는 가속의 심화를 가로막거나 어렵게 하는 것으로 바뀌었다는 사실도 잘 드러난다. 그 결과 2000년경까지 20여 년에 걸쳐 진행되어 온 신자유주의 기획은 실제로 (규제 철폐, 민영화, 사법화를 수단으로) 정치적 규제와 지도를 줄이거나 없애 버림으로써 사회(특히 자본 흐름)를 가속하는 정치를 추구했다.

이처럼 유해한 비동시화는 사회적 삶 중에서 경제와 다른 영역 사이에서만 일어나는 것이 아니라 경제 내부에서도 일어난다. 1989년

경의 [소련 해체와 동유럽의 혁명과 같은] 정치 혁명 및 디지털 혁명 이후, 금융시장의 급가속으로 인한 투자 및 자본 흐름의 지속적 가속과 '실물'경제, 즉 실제 생산 및 소비의 둔중한 속도 사이에 큰 균열이 일어났다. 우리 모두 알고 있듯이 이로 인해 2008년에는 1930년 이후 최대의 금융 및 경제 위기가 터졌다. 경제 및 금융 거래는 거의 무한히 빨라질 수 있지만 생산과 소비는 그렇지 못하다. 당신은 초 단위로 주식을 사고팔아 이윤을 남길 수 있지만 실제 생산에서는 이런 일이 불가능하다. 마찬가지로 당신은 몇 초만에 재화와 서비스를 구매할 수 있지만 몇 초만에 소비할 수는 없다. (책을 사는 것과 읽는 것, 망원경을 사는 것과 사용하는 것의 시간적 간극처럼) 구매와 소비의 시간적 간극은 점점 넓어진다. 뒤에서 주장하겠지만, 이러한 문화적 비동시화는 현대적 비판이론에 허위욕구라는 개념을 재도입할 수 있는 지극히 유용한 출발점이다.

한편, 후기 근대의 시간 조지에는 다른 형태의 기능장애적 비동시화도 있다. 예를 들어, 한스 블루멘베르크(1986)나 헤르만 뤼베(1998)의 주장처럼 사회가 안정적이고 연속적으로 유지되기 위한 수단인 문화적 재생산, 즉 문화적 규범 및 지식이 한 세대에서 다음 세대로 전승되는 일은 어쩔 수 없이 시간이 많이 드는데, 생활세계가 매우 역동적이 되어서 세대 간적 안정성이 아예 없거나 거의 없는 지경에 이르면 각 세대는 말 그대로 '서로 다른 세계'에 살게 된다. 이는 사회의 상징적 재생산을 와해시킬 위험이 크다.

마지막으로, 상황 변화에 혁신적으로 반응하는 사회의 창조적 역량을 강화하려면 '자유로운' 시간 자원, 즉 잉여 시간 자원이 많아야 하므로 놀이 · 지루함 · 게으름도 필요하며 낭비적이고 언뜻 보기에 그릇된 시간 배분도 가능해야 한다. 그러므로 끊임없는 혁신과 역동화를 이루려는 근대사회의 지칠 줄 모르는 노력이야말로 바로 본질적 혁신과 창조적 개조를 위한 사회의 역량을 약화시키는 것이다. 이런 의미에서 후기 근대사회의 극도로 역동적인 표면을 들춰 보면, 그 아래에 매우 딱딱하게 경화와 동결이 일어나고 있음을 알 수 있다.

한마디로 사회적 가속에 대한 기능주의적 비판은 후기 근대사회의 모든 차원의 사회적 삶에서 (비)동시화의 문제와 과정에 대한 철두철미한 분석을 통해, 그 잠재적 가속 병리의 허다한 증상을 찾아낼 수 있다.

12장

규범적 비판: 이데올로기의 재조명,
은폐된 사회적 시간 규범의 폭로

막스 베버·게오르크 지멜·에밀 뒤르
켐 등 사회학의 '고전'으로 돌아가 보면, 이 사회학의 '창시자들' 모두
(엘리아스Norbert Elias나 푸코Michel Foucault와 같은 후배 사회학자들과 마찬가
지로) 근대사회의 매우 혼란스럽고 심지어 역설적인 한 가지 특성에
충격을 받았음을 알게 된다. 그들이 씨름한 역설은 이렇다. 한편으
로 현대사회의 특징은 상호의존성이 놀랍게 늘어났다는 것이다. 사
회적 상호작용은 매우 복잡한 네트워크로 긴밀하게 짜여졌고 상호
작용과 상호의존의 사슬은 어마어마하게 길어졌다. 생산과 분배의

절차, 교육과 오락의 절차, 정치와 법률의 절차는 무수한 개인과 행위를 서로 연결시키고 사회적이고 지역적으로 분리된 무수한 결정으로부터 생겨난다. 그러므로 사회적 규제 및 조율(그리고 동시화)이 필수적이다. 이는 사회적 조직화의 여타 형태보다 훨씬 더 필요한 것이다. 따라서 사회적 삶은 매우 엄격한 사회적 · 윤리적 규범에 의해 바싹 규제되고 통제된다고 생각하기 쉽다. 이러한 규범이 개인의 처신을 매우 섬세하게 조종하는 덕분에 상호의존 사슬들이 모두 자족적이면서 어떠한 단절이나 균열도 없이 계속 작동한다고 생각하기 쉬운 것이다.

한데 놀랍게도 사회의 규범적 규제를 살펴보면 전혀 그렇지 않다. 도리어 근대사회는 (적어도 그 스스로 이해하기에는) 최소 제약의 윤리적 코드만으로 운영되는 자유주의적이고 개인주의적인 사회로 보인다. 달리 말하면 상호의존성의 급증과 더불어 개인화 · 자유화 · 다원화라는 규범적 과정이 일어나는데, 이런 개념들은 도덕적 사회 규제가 급격히 약해짐을 보여 주는 것이다. 따라서 근대사회의 개인은 도덕적 · 윤리적으로 유례를 찾을 수 없을 만큼 '자유롭다'고 느낀다. 그들에게 무엇을 하라거나 무엇을 믿으라거나 어떻게 살고 생각하고 사랑하라거나 어디에서 누구와 함께 살라고 말하는 자는 아무도 없다. 근대 자유주의 이데올로기의 견지에서, 그리고 개인의 자아 인식의 견지에서 살펴보면 개인을 구속하는 사회적 · 종교적 · 문화적 규범은 그야말로 전무해 보인다. 무엇이 좋은 삶인가에 대한 관념은 지극히 다원적이고, 모든 삶의 영역에 있어서 무수한 선택지 가운데 꽤 자유롭게 선택할 수 있다. 그러므로 근대사회와 개인은 스스로 '지나치게 자유롭'고 생각하는데 이는 상당히 옳은 생각이다. 이런 일은 어떻게 가능한가? 어떻게 우리는 완벽하게 자유로우면서도 지나치게 조율되고 규제되고 동시화될 수 있는가? 그것도 두 가지 모두 미증유의 정도로.

근대의 이 언뜻 보기에 역설적인 사태에 대한 해답을 찾는 것은 사실 수월하다. 자신이 자유롭다는 지배적인 자유주의적 자기 인식의 표면 아래에 정반대 방향을 가리키는 또 다른 지배적인 사회적 인식이 자리 잡고 있기 때문이다. 개인은 스스로 완벽하게 자유롭다고 생각하면서도 계속 늘어나고 과도해지는 사회적 요구의 목록이 자신을 빈틈없이 지배한다고도 느낀다. 엄격한 사회적 규제는 분명 필요하므로, 근대사회의 행위자는 스스로 통제할 수 없는 이질적 압력과 요구에 종속된다는 느낌을 그 어느 사회보다 훨씬 더 강하게 느낀다. 서구 근대성의 영역 밖의 그 어디에서도 '해야 한다'라는 수사로 일상의 행동을 그토록 초지일관 정당화하는 일은 없다. 우리는 자신이 하는 일을 어떤 외부의 요구를 기준으로 하여 자기 자신에게나 다른 사람들에게 늘 정당화한다. 이제 정말 일하러 가야 해, 세금신고서를 작성해야 해, 건강을 위해서 무언가 해야 돼, 외국어를 배워야 해, 하드웨어 혹은 소프트웨어를 즉시 업데이트해야 해, 뉴스를 놓치지 않아야 해…. 이런 목록은 끝이 없고, 종국에는 (그렇지 않으면 심장마비나 우울증이나 탈진증후군이 걸릴 테니까) '느긋해지고 진정하려면, 좀 쉬려면 정말 무언가 해야 해'까지 이르게 된다. 케네스 거겐(2000: 75)은 "매일매일 살면서 요구들의 바다에 익사하고 있다"고 말한다. 그리고 존 로빈슨John P. Robinson과 제프리 가드비Geoffrey Godbey(Robinson and Godbey 1999: 33, 305)는 '제자리를 지키려면 매년 더 빨리 달려야 해'라는 저 익숙한 느낌을 데이터로 증명하고 있다.

이제까지 내가 주장한 내용에서 확실한 것은, 이것이 경쟁적으로 구동되는 가속 게임의 자연스러운 귀결이라는 점이다. 이 게임은 우리로 하여금 점점 빨라지는 끈질긴 다람쥐 쳇바퀴를 계속 돌리게 만든다. 또한 근대사회가 어마어마하게 긴 상호의존성 사슬들을 조율하고 규제하고 동시화할 필요성을 어떻게 충족시켰는지도 이로부터 설명할 수 있다. 바로 엄밀한 시간 규범, 일정과 기한 규정, 촉박한 통보와 즉각적 실행, 즉각적 보상과 반응의 논리 등이 그러한 수단이다. 이런 규범은 (다른 사회나 문화의 대부분의 도덕 규범과 마찬가지로) 죄 있는 주체를 만들어 내는 압도적 효과를 가지고 있다. 하루가 지나갈 때 우리는 기대들을 충족시키지 못했기에 죄책감을 느낀다. 우리는 결코 '할 일 목록'을 다 처리할 수 없다. 이 목록은 매일 더 높이 쌓여 간다. 따라서 이제 관리자나 엘리트에게 조언하는 사람, '인생 상담 전문가'의 핵심 업무는 고객에게 과제 목록을 모두 해결하고 이메일을 다 처리할 수 없음을 있는 그대로 인정하고 이를 정상적이고 건강한 것으로 해석하도록 가르치는 것이다. 이는 억압적인 종교적 훈육을 받은 사람의 죄책감을 다루는 심리학자를 연상시킨다. 지난 몇 백 년 동안 교회는 신자들에게 ("내 탓이오, 내 큰 탓이로소이다"라고) 죄책감과 수치심을 가지게 만들었다고 (물론 많은 경우 매우 정당하게) 비판을 받아 왔다. 그러나 한편 교회는 희망과 구제의 수단을 제공하기도 했다. 우선 교회는 인간이 원죄를 지니므로 우리가 약한 것은 우리의 개인적 실패가 아니라고 가르친다. 둘째, 예수 그리스도가 우리 죄를 대신하여 돌아가셨으므로, 우리에게는 죄가 있더라도 희망이 있다. 마지막으로 베버가 말하는 것처럼, 적어도 가톨릭교회는 고백과 사면이라는 제도를 통해 신도에게 죄책감에서 벗어날 방도를 제공한다. 그러나 근대사회는 그렇지 않다. 근대사회는 관용과 용서를 알지 못하는 죄 있는 주체를 만들어낸다. 우리는 자신의 모든 결점에 대해 대가를 치러야 한다. 다람쥐 쳇바퀴에서 배제된 대중, 즉 실업자가 늘어나는 것은 이 대가가 얼마나 큰 것인지 알려준다.

이러한 시간 규범은 단연코 사회의 지배적 규범이 되었다. 교육이 대부분 시간 규범을 습관화하는 데 매달리고 있음을 생각해 보라. 스스로 보상을 미루기, 일정과 리듬에 충실하기, '적시'가 오기 전까지 신체의 욕구와 충동에 대항하거나 심지어 묵살하기, 그리고 무엇보다 서두르기 등을 배운다. 이는 과거의 문화나 다른 문화의 도덕적·종교적 규범과 아주 다르다. 왜냐하면 이러한 시간 규범은 분명 사회적으로 구성되었음에도 불구하고, 윤리적 외피를 입거나 심지어 정치적 규범으로 나타나지 않기 때문이다. 이것은 도리어 반박하거나 토의될 수 없는 적나라한 사실, 자연법칙으로 나타난다. 시간 규범은 단지 '저기 바깥에' 있으며, 이것을 충족하느냐 마느냐는 개인에게 달려 있다. 따라서 기한의 권력과 속도의 독재에 대한 도덕적 · 정치적 논쟁은 전혀 없다. 이와 관련된 규범은 은폐되고 암묵적인 시간 권력으로 작동한다. 그래서 근대사회는 윤리적 관점에서 제재가 거의 없고 규제도 최소화되었다고 여겨진다. 에드워드 홀Edward T. Hall(1973)이 주장한 것처럼, 시간이라는 "침묵의 언어"는 매우 효율적이어서 근대사회의 엄청난 규제의 필요를 충분히 충족시킨다. 그것은 이 언어가 암묵적이고 비가시적이고 이데올로기적으로 개인화되고 자연화되었기 때문이다. 바로 이 때문에 시간 규범은 우리 시대에는 거의 전체주의의 특성을 가지게 되었다. 시간 규범은 9장에서 정의한 전체주의의 네 가지 기준을 모두 만족시킨다. ⓐ시간 규범은 주체의 의지와 행동에 압력을 행사한다. ⓑ시간 규범은 벗어날 수 없다. 즉 모든 주체가 이 규범의 영향을 받는다. ⓒ시간 규범은 무소부재하다. 그 영향력은 사회적 삶의 한두 영역이 아니라 모든 영역에 미친다. ⓓ시간 규범을 비판하거나 그에 대항하여 싸우는 것은 호락호락하지 않거나 숫제 불가능하다. 따라서 숨겨진 사회적 시간 규범에 대한 비판은 여기에서 출발해야 한다. 이 규범은 성찰성과 자율성이라는 근대의 핵심 약속에 위배되는 것이다.

13장

윤리적 비판 1: 근대성의 깨진 약속

근대화는 대개 '사회적 행위자의 배후에서' 일어나는, 즉 이들의 계획과 의도 없이 일어나는 변화이다. 그리고 더 중요하게는, 사회적 행위자의 동기와 가치가 야기한 결과라기보다는 이들을 야기하는 원인이 되는 변화이다. 그럼에도 불구하고 근대화는 의지적이고 가치 내포적인 '근대 기획'에 내적으로 결부되어 있다. 위르겐 하버마스의 여러 저작과 찰스 테일러의 주저인《자아의 원천들Sources of the Self》(1989)이나 요한 아르나손Johann Arnason(2001)의 연구에서도 잘 드러나듯이, 근대 기획의 중심은 윤리적 자기결정이라는 의미에서 **자율성**의 이념과 약속이다. 주체로서의 우리가 어떻게 자기 삶을 스스로 이끌어야 하는지는 우리 통제 너머에 있는 왕이나 교회 같은 정치적이거나 종교적인 권력에 의해 앞서 결정되어서는 안 된다. 또한 (가족, 정치, 직업, 예술, 문화, 종교 등의) 세계 안에서 우리 자리를 미리 규정하는 어떤 사회질서에 의해 앞서 결정되어서도 안 된다. 이러한 결정은 개인 자신에게 맡겨져야 한다.

이러한 이념은 개인화와 다원화의 관념을 포함하고 지지한다. 그러나 그렇다고 해도 '공동체주의'와 관련한 최근의 논쟁에서 나타나듯이, '자율적' 주체도 스스로에게 의미 있는 삶의 방식을 찾아내려면 "대화의 망"(찰스 테일러)이나 본질적인 관계와 공동체를 필요로 한다. 하버마스의 지적처럼, 이는 민주적 참여와 자기통치라는 정치적 이념과 긴밀하게 결부되어 있다. 우리의 행동과 삶에 있어서 사회경제적 '거시' 조건은 개인이 자체적으로 제어할 수 없기 때문이다. 이런 조건을 통제할 수 없는 총체적 힘의 임의적 결과에 내맡기지 않으려면, 집단적인 정치적 의지를 형성함으로써 이런 조건을 만들어야 한다. 루소가 이미 깨달은 것처럼, 민주적 자기통치에 의하여 삶의 조건이 사회적으로 구성될 때에만 자율성의 이념을 유지할 수 있다. 이런 의미에서 근대 기획은 반드시 **정치적** 기획이다.

이 기획은 자연의 힘을 부리려는 욕망도 포함한다. 자기결정에 의해 삶을 형성하려면 근대적 과학, 기술, 교육, 그리고 강력한 경제의 도움으로 자연이 부과하는 '맹목적' 제한을 이겨 내야 한다. 따라서 빈곤, 궁핍, 질병, 장애, 무시 등 온갖 부정적인 자연적 조건이 자기결정적 삶을 제한하는 현상을 이겨 내려는 갈망의 배경에는 언제나 근대의 약속이 있었다. 그래서 우리 몸의 특징(성이나 유전자)을 스스로 결정하려는 후기 근대의 열망조차도 근대의 충동과 자율성의 약속을 따르는 것이다.

이제 이미 사회적 가속을 겪고 있는 사회라는 맥락 속에서만 이 기획이 가능해 보이고 그럴싸해 보임을 깨달아야 한다. 개인의 자기결정은 이른바 존재론적으로 고정된 사회질서를 넘어 움직이는 세계, 즉 사회 계급이나 신분(그리고 정치적이고 종교적인 권위)이 영구적으로 결정되고 세대를 거듭하여 재생산될 뿐인 사회질서를 넘어 움직이는 세계에서만 의미를 가진다. 근대 기획이 설득력과 매력을 얻는 것은 사회가 '운동에너지'를 가질 때, 말하자면 사회적 변화가 가속될 때이다. 마찬가지로 성장지향적이고 강력하고 생산적인 자본주의경제의 등장과 여기에 수반되는 과학기술의 진보를 통해서, (재분배를 통해) 사회와 개인의 재량권을 정치적으로 형성한다는 약속을 믿을 만하게 만드는 자원이 생겨난다.

한마디로 (경쟁적인) 사회적 가속이라는 근대화 과정과 자율성 및 자기결정이라는 (윤리적) 기획은 적어도 원칙적으로는 서로를 뒷받침한다. 물론 어떤 의미에서는 근대는 결코 도래하지 않았다. 수많은 사람들, 아마 대다수의 사람들은 타율적인 노동조건의 강제력 탓에 스스로 결정하는 삶을 영위하지 못하고 있다. 이는 임금에 의존하는 노동자뿐 아니라 사용자와 관리자도 마찬가지이다. 이들도 게임의 규칙을 통제하지 못한 채 다만 어떻게 성공적으로 게임을 할 수 있는지를 배웠을 뿐이다. 그리고 찰스 테일러가 주장하는 것처럼 자율적 가정을 위해 타율적 노동을 수용한다는 "거대한 타협"도 사실 성공하지 못했다(Taylor 1985). 그럼에도 불구하고 사적 윤리, 자본주의경제, 민주정치라는 '근대 체제'는 20세기의 마지막 30여 년이 시작되기 전까지는 그럭저럭 '계속 꿈꿀 수' 있었다. 견실한 경제성장, 기술 진보, 완전고용, 노동시간 단축, 복지국가 확대라는 기대에 비추어 마르쿠제의 말을 쓰자면 "평화로운 존재"라는 약속이 믿을 만했던 것이다. 그때까지는 (일상의) 경제적 투쟁, 생존경쟁, 사회적 경쟁이 개인적이고 집단적인 삶의 방식을 규정하는 힘을 잃게 될 지점까지 역사가 계속 나아가고 있다고 아직 해석할 수 있었다. 자본주의가 문화적으로 수용할 만한 경제체제로 보인 것은 (애덤 스미스 Adam Smith부터 밀턴 프리드먼Milton Friedman에 이르는 자본주의 옹호자들이 전파하고 공유한) 어떤 굳건한 믿음 덕분이었다. 언젠가 자본주의가 제법 생산적이고 강력해져서 마침내 인간이 궁핍, 쇠망, 실패의 위협에 쫓기지 않으면서 자유롭게 개인적인 인생 계획, 꿈, 가치, 목표를 추구하게 될 것이라는 믿음 말이다. 따라서 가속과 경쟁은 자기 결정이라는 목표를 위한 수단으로 이해될 수 있었다.

이미 앞선 장들에서 분명하게 밝혔듯이, 나는 이러한 약속이 후기 근대의 '가속사회'에서는 더 이상 신빙성이 없다고 주장한다. 가속의 힘은 더 이상 해방의 힘이 아니라 실로 예속의 압력으로 경험된다. 물론 사회적 행위자에게 가속은 언제나 약속인 동시에 강제였다. 예컨대 산업화 시대에 가속은 대부분의 사람들에게 약속이기보다는 강제였지만 20세기 내내 해방의 잠재력을 유지했다. 그러나 '지구화'가 이루어진 지금 21세기 초에는 이러한 약속의 잠재력마저 사라졌다. 이제 압력이 압도하게 되어서, 개인적 자율성과 집단적 (민주적) 자율성의 관념이 시대착오적이 될 정도가 되었다.

앞서 내가 주장한 것처럼 자율성은 좋은 삶의 목표, 가치, 패러 다임, 실천을 정하는 데 있어서 최대한 외부의 압력과 제약에서 벗어날 것이라는 약속이다. 그것은 우리 삶의 방식이 '맹목적인' 자연적·사회적·경제적 압력의 결과가 아니라, 우리의 문화적·철학적·사회적·생태적·종교적 신념과 열망의 결과일 것이라는 약속이다. 사회적 가속이라는 의미에서의 근대화가 근대 기획과 내적으로 연결된 까닭은 사회적 역동성과 운동에너지의 증가가 사람들을 바로 저 압력에서 해방시키는 데 이바지했기 때문이다. 개인적으로나 집단적으로 사회적 가속은 자율성 실현에 필요한 자원을 산출했다. 그러나 이제는 사회적 가속이 근대 기획보다 강력함이 드러났다. 사회적 가속은 그 논리가 자율성의 약속에 맞서게 되었음에도 변함없이 전진하고 있다. 가속은 후기 근대의 국면에서 (적어도 서구 사회에서는) 개인적 꿈, 목표, 인생 계획을 추구하기 위한 자원과 정의, 진보, 지속가능성 등의 이념에 따라 사회를 정치적으로 형성하기 위한 자원을 확보하는 데 도움이 되지 못한다. 오히려 정반대이다. 개인적 꿈, 목표, 욕구, 인생 계획은 가속 기계의 먹이로 전락한다.

주체에게는 '경주에서 탈락하지 않기', '경쟁력 유지하기', '다람쥐 쳇바퀴에서 떨어지지 않기'가 삶을 영위하는 핵심적 도전이 되었다. 심지어 종교적 실천, 배우자와 가족, 취미와 건강 등도 점점 더 경쟁 논리에 따라 선택한다. 사회 변화의 속도와 배경 조건의 불안정성 때문에 어떤 '인생 계획'을 짜고 따르는 것은 위험해졌다. 케네스 거 겐의 말처럼, 곤란을 무릅쓰고라도 개인적 열망을 고수한다는 의미 의 자율성은 시대착오적인 것이 되었다. 그는 자신의 책 중 '통제 불 능'이라는 딱 들어맞는 제목의 장에서 "구식 근대"의 자율성이라는 이념으로부터 후기 근대의 성공적 '서핑'이라는 이념으로의 변화를 섬세하게 서술했다. "나는 지속적 개선, 진보, 발전, 축적이라는 나 의 근대주의적 훈련에도 맞서 싸운다. 주변의 모든 것을 통제하려 는 욕망을 버리는 기쁨을 서서히 알게 된다. **바다의 한 지점까지 조심 스레 수영해 가는 것, 즉 어떤 목표에 이르기 위해 파도를 다스리는 것과 종잡을 수 없는 파도의 움직임에 몸을 맡기고 흐르는 것은 다르다**"(Gegen 2000: XVIII, 하르트무트 로자의 강조).

물론 그렇다고 해서 후기 근대인이 수동적이라는 것은 아니다. 경주에서 탈락하지 않으려면 좋은 기회가 생길 때마다 '파도 위로 뛰어오르는' 능력이 필요하다. 그러려면 판단력과 유연성이 탁월해 야 한다. 그럼에도 불구하고 창의성, 주체성, 열정은 이제 구식 '근 대'의 의미인 자율성이라는 목적에 이바지하는 것이 아니라 경쟁력 향상에 이용된다. 정치적으로 보면, 자본주의경제에서 빈곤과 궁핍 을 극복할 수 없음이 명백해졌다. 21세기의 정치개혁은 사회적 조 건을 **개선**하는 것이거나 민주적으로 결정된 문화적 · 사회적 목표에 따라 정치를 구성하는 것이 아니다. 그래서 개혁은 구조적 요구에 대한 '불가피한 적응'으로 정당화되며, 정치적 변화를 옹호하려고 협박을 동원한다. 만일 그렇게 하지 않으면(**세금을 인하하지 않으면, 유전공학을 허용하지 않으면**) 뒤처지다가 탈락할 것이며 비참한 빈곤과 궁핍에 처하게 될 거라는 협박이다. 정치적 자율성의 약속, 경제적 강제를 넘어서 사회를 구성한다는 약속은 이런 환경에서는 흐릿한 유령에 불과하다. 앞서 내가 주장한 것처럼, 이는 경쟁과 가속의 논리에 내부 제동장치나 제한이 없기 때문이다. 이런 논리는 개인과 사회의 엄청난 에너지를 동원하지만, 마침내 이 에너지를 송두리째 삼켜 버린다. 논리적으로 볼 때, 이 전개의 끝에는 모든 개인적이고 정치적인 에너지가 다람쥐 쳇바퀴 같은 사회경제적 경쟁의 가속기계에 희생되는 것밖에 없다. 이는 완벽한 타율성으로서 근대의 약속을 송두리째 뒤집는 것이다.

자율성이라는 근대 기획과 시회적 가속의 후기 근대 국면 사이에 간극이 벌어지고 있다는 주장을 입증하거나 최소한 설득력 있게 만들려면 어떻게 해야 할까? 현재의 사회적 조건에서 행위자는 여전히 자기결정이라는 이념에 대해 윤리적 책무를 지닌다. 그러나 다른 한편 현재 사회적 조건 자체가 점점 이 이념을 따르거나 실현할 가능성을 약화시키고 있다. 이러한 사회적 조건은 영락없이 소외 상태를 야기한다. 여기에서 내가 제안하는 소외의 일차적 정의는, 주체가 외부 행위자나 요인에 의해 강제된 목표나 실천은 아니지만 (즉, 실행 가능한 다른 선택지가 있지만) 스스로 '진정' 원하거나 지지하는 것도 아닌 목표나 실천을 따르는 상태이다. 우리는 집에 일찍 가기를 '원하면서'(혹은 가족에게 그러겠다고 약속했으면서) 아무도 그러라고 하지 않아도 야근할 때 소외를 느낀다. 또는 '진정으로' 지지하는 것은 아닌 새로운 교육개혁·경제개혁·경영 지침 등을 실행해야 할 때, 이윤 증대나 경쟁력 강화를 위해 사람을 해고해야 할 때 소외가 생겨난다. 우리는 그 결과에 대해 꽤 회의적이고 또 다르게 행동할 수도 있었지만 '어떤 식으로든 그렇게 해야 했다.' 마찬가지로 정치에서는 **정당하다고 진정으로 느끼지** 못하는(그리고 '진정'으로 원하지 않는) 전쟁에 참전할 때, 생태적 합리성을 거슬러 자동차 산업을 강화하는 정책을 지지할 때 소외가 생겨날 수 있다. 곧, **진정으로 원하지 않는** 일을 '자발적으로' 할 때 소외가 생겨나는 것이다. 이런 상태가 계속되면 우리는 (개인적으로나 집단적으로) 심지어 자신이 '진정' 원하는 것이 무엇인지 잊어버릴 수도 있다. 그러나 그때에도 억압하는 행위자가 없음에도 불구하고 어떤 희미한 타율성의 감정이 남아 있다. 이와 관련하여 마지막 장에서는 사회적 소외에 대한 '비판이론'과 현상학의 개요를 서술하고자 한다.

14장

윤리적 비판 2: 소외의 재조명, 왜 사회적 가속이 '소외'를 낳는가

잘 알려진 대로, 초기 마르크스는 사본주의 생산양식으로 인해 다섯 가지 소외가 생겨난다고 보았다. **행위**(노동), **생산물**(사물), **자연**, **타인**(사회적 세계), **자기**로부터의 소외이다. 마르크스가 말하듯이, 자본주의적 근대의 사회적 조건에서는 결국 주체가 '세계'와의 관계에서 심각한 제약을 받는다. 주체는 주관적, 객관적, 사회적 세계로부터 모두 소외된다. 그런데 역시 모두 알고 있듯, 사회적 담론에서 '소외'의 개념이나 그 '진정한 의미'는 결코 확립되지 않았고, 이 때문에 보수적 마르크스주의자들은 이 관념을 통째로 포기했다(Schacht 1971; Jaeggi 2005). 사회사상가들은 기본적으로 자본주의가 진정으로 또는 필연적으로 앞서 주장한 소외 형태를 모두 (혹은 하나) 산출하는지 여부에 대해 합의하지 못하고 있다. 그럼에도 불구하고 이 마지막 장에서 나는 마르크스의 논변과 몇 가지 점에서는 유사하지만 다른 점에서는 상이한 주장을 하려 한다. 나는 사회적 가속이 어떤 문턱을 막 넘는 중임을 보여 주고자 한다. 이 문턱 너머에서는 인간이 필연적으로 자기 행위, 자신이 만들고 더불어 사는 대상, 자연, 사회적 세계, 자신의 자아로부터 소외되며 나아가 시간과 공간 자체로부터도 소외된다. 나는 이러한 분석을 시간적 측면으로 돌림에 있어서, 시간적 변화의 논리가 (순전히) 경제적인가라는 물음에는 답하지 않을 것이다. 1부에서 제안한 것처럼 나는 근대사회의 사회적 가속을 일으키는 동력이 경제적 자본주의를 넘어선다고 믿지만, 이 믿음이 내가 전개하는 논변에 필수적이지는 않다. 그럼 이제 '어떻게 속도 때문에 소외가 나타나는가?' 이 주장을 하나하나 검토해 보자.

ⓐ 공간으로부터의 소외

이미 제안한 것처럼, 내가 활용하는 소외 개념의 핵심은 자아와 세계 관계에 있다. 소외는 자아와 세계 관계의 왜곡, 즉 어떤 주체가 세계에 놓이고 '위치하는' 방식에서의 깊고도 구조적인 왜곡을 뜻한다. 인간은 필연적으로 신체를 가진 주체이므로 불가피하게 세계를 공간에서 펼쳐진 것으로 경험하고, 자기 자신을 공간에서 위치를 가진 것으로 경험한다. 그러나 폴 비릴리오(1997, 1998)를 비롯하여 많은 사람들이 관찰한 것처럼, 디지털화된 '지구화' 시대에는 사회적 가까움과 물리적 가까움이 점차 분리된다. 나와 사회적으로 가까운 사람이 더 이상 물리적으로 가까이 살지 않으며, 그 역도 마찬가지이다. 마찬가지로 사회적 중요성은 점차 공간적 가까움과 분리된다. 그러므로 수많은, 혹은 대부분의 사회적 과정에서 그것이 일어나는 공간적 위치나 환경은 더 이상 중요하지 않거나 규정적이지 않다. 앤서니 기든스(1994)의 표현대로 시간과 공간은 '뿌리 뽑힌다.'

그렇다고 꼭 '공간으로부터의 소외'가 일어나는 것은 아니지만 그렇더라도 이런 소외가 가능하게 되는 것이다. 요즘 호텔 관리자들이 전하는 흥미로운 이야기에 따르면, 투숙객이 안내 데스크에 전화를 걸어 지금 자기가 있는 곳이 어디냐고 묻는 일이 점점 많아진다고 한다. 자신이 현재 어느 도시에 있는지, 혹은 어느 나라에 있는지를 묻는 것이다. 특정 지역의 공간을 잘 알게 되고 어떤 공간적 세계에서 편안함을 느끼려면 일종의 친밀함이 생겨나야 한다. 독일어로 '고향Heimat'의 의미는 공간 자체와 친밀해짐을 뜻한다. 그 공간이 꼭 내가 사용하거나 나에게 필요한 구역이 아닐지라도 말이다. 그런데 이런 식의 친밀함과 친숙함이 생기려면 시간이 든다. 자꾸 이사하고 다시 자리 잡기를 되풀이하다 보면 어느새 지리적이고 사회적인 공간과 맺는 관계 자체가 사라진다. 마트·가게·학교·사무실·헬스클럽이 어디에 있는지는 알겠지만, 이들 사이의 공간은 마르크

오제Marc Augé(1992)의 '비공간'이라는 의미에서 '말을 잃는다.' 이 공간들은 아무 이야기도 하지 않고 아무 기억도 남기지 않으며 당신의 정체성과 전혀 얽히지 않는다. 좀 더 친밀한 생활공간도 마찬가지이다. 가령 주방도구가 그렇다. 하나의 냉장고와 오븐을 몇 십 년 동안 쓴다면 그것이 어떻게 보이고 어떤 냄새가 나고 어떤 소리가 나는지 알게 된다. 그것의 결점과 단점도 알게 된다. 그러나 1년에 두 번씩 바꾼다면 그것이 지닌 고유한 특징은 아무래도 상관없는 것이 된다. 당신은 다만 이 망할 물건을 어떻게 작동시키는지만 알면 된다. 이처럼 사회적 가속으로 인하여 모빌리티가 커지고 물리적 공간에서 더욱 탈피하게 되면서, 우리의 물리적 환경 혹은 물질적 환경으로부터의 소외도 심화된다.

ⓑ 사물로부터의 소외

지금까지의 논의를 통해 우리는 이미 사물의 공간으로 들어갔다. 사물 세계에는 적어도 두 종류의 대상이 있다. 하나는 우리가 생산하는 사물이고, 다른 하나는 우리가 사용하거나 소비하는 사물이다. 내가 보기에 인간은 늘 몇몇 대상과는 내밀하고 본질적인 관계를 맺는다(T. Habermas 1999). 우리가 함께 살고 일하는 사물은 우리 정체성에서 어느 정도는 본질적이다. 그러나 사물 세계와 우리가 맺는 관계는 사물의 교체 속도에 따라 달라진다. 양말 · 자동차 · 휴대용 라디오를 몇 십 년, 아니 몇 년이라도 계속 가지고 있다면, 즉 자동차나 휴대용 라디오나 양말(혹은 컴퓨터나 전화기)이 다 닳거나 망가질 때까지 가지고 있다면, 그것이 당신의 일부가 되고 거꾸로 당신이 그것의 일부가 될 가능성이 크다. 내 손으로 직접 열 번이나 수리한 자동차, 손수 꿰매 신은 양말은 당신이 전유하고 개인화하고 나아가 내면화한 것이 된다. 그것은 감각의 모든 차원에서 '흡수'되고 경험되고 당신의 표식을 띠게 된다. 당신의 일상적 체험과 정체성과 역사의 일부가 된다. 이런 의미에서 자아는 사물 세계로 확장하고 사물은 자아에 거주하게 된다. 찰스 테일러(2007)의 표현을 빌자면, 자아는 어느 정도는 '구멍투성이'라고 말할 수 있다. 이런 사물을 내버리는 것은 당신의 정체성을 건드리는 일이다.

그러나 이제 가속사회에서 사물은 수리되지 않는다. 생산은 빨리하기 쉽지만 유지 보수와 서비스는 그렇게 빨리 하기 어렵다. 따라서 생산 대비 수리는 점점 비싸진다. 나아가 대부분의 생산품이 기술적으로 짐점 복잡해지기 때문에, 사람들은 그것을 스스로 고칠 수 있는 실용적 지식을 잃어버린다. 마지막으로, 사회적 변화 속도가 빨라짐에 따라 사물의 '심리적 소비'가 물리적 소비보다 중요해진다. 즉, 자동차·컴퓨터·옷·전화기가 물리적 수명을 다하기 훨씬 전에 내버리고 다른 것을 장만한다. 당신이 두세 번 신고 버리는 양말, 타이어 교체할 때조차 정비소로 끌고 가는 자동차, 내장 시계도 제대로 맞추지 않은 핸드폰은 당신의 일부가 될 수 없다. 그것은 당신에게 계속 '낯설다.' 물론 이것 자체가 소외를 가져오지는 않는다. 다만 이것이 사물 세계와의 관계에서 지배적이거나 유일한 방식이 되면 소외가 나타난다.

나의 주장은 바로 이것이 지배적 방식이 **되었다**는 것이다. 이는 특히 업무에서 명백하게 드러난다. 컴퓨터를 처음 샀을 때 나는 그것에 이름을 붙여 주었다. 그것을 오래 계속 쓸 것이라고 믿었고 그것과 친해지고 싶었다. 무언가에 이름을 붙이는 것은 그것과 친숙해지고 그것을 **전유**하려 한다는 분명한 징표이다. 결국 심리적 소비 때문에 그것을 내버려야 했을 때 실제로 마음이 불편했다. 그러나 지금은 내가 사용하는 컴퓨터가 어떤 종류인지도 모르고, 그것으로 일하는 순간이 아니면 그것이 어떤 냄새가 나고 어떤 소리를 내는지는 고사하고 어떤 모양인지도 말하지 못한다. 얼마나 오래 사용할지도 신경 쓰지 않는다. 핸드폰이나 휴대용 라디오도 마찬가지이다. 그리고 여기에 또 다른 요소가 끼어든다. 핸드폰, 휴대용 라디오(또는 아이팟), 데스크톱 컴퓨터(또는 랩톱이나 넷북)는 점점 스마트해지고 있지만 그것들과 나의 거리는 여지없이 멀어진다. 예전에 사용한 휴대용 라디오의 시계 맞추는 법은 알았지만 새 것은 모른다. 그걸 알아낼 시간이 없는 것이다. 카세트테이프로 음악을 듣던 시대에는 라디오에서 나오는 노래를 녹음하는 법을 알았지만, 현재의 첨단 기술 시대에는 모르게 되었다. 예전 핸드폰으로는 벨소리를 바꿀 수 있었는데 요즘 핸드폰으로는 못한다.

사물이 점점 복잡해짐에 따라 그것을 다루는 나는 점점 몽매해진다. 문화적이고 실천적인 지식을 잃게 되는 것이다. 이는 혁신 때문에 기존 경험의 가치가 점점 하락하는 현상으로서 자연스러운 귀결이다. 한데 나는 내가 가진 사물을 올바르게 다루지 못한다는 꺼림칙한 기분을 느낀다는 의미에서 이 사물로부터 소외된다. 우리가 이 사물에 대해 어떤 감정을 느낀다면 아마도 죄책감일 것이다. 너무 고가이고 스마트해서 그것을 다루는 우리가 바보가 된 것 같다. 불행하게도 이런 일은 하드웨어뿐 아니라 소프트웨어를 다룰 때도 마찬가지이다. 나는 구닥다리가 된 도스용 워드 프로그램은 정말 익숙하게 사용했다. 프로그램의 모든 선택 사항과 요령을 알고 있었고, 내게 필요한 작업을 모두 할 수 있었다. 윈도 XP 시스템도 꽤 익숙했다. 내가 일상적으로 필요한 수준 정도는 잘 다룰 수 있었다. 그러나 새로 나온 윈도 비스타 인터페이스에는 정말 문맹처럼 느껴진다. 단축키는 어떻게 쓰는지, 그래프와 표는 어떻게 삽입하는지 모르겠다. 한마디로 새로운 소프트웨어와 나는 서로 완벽하게 소외되어 있다. 이는 새 시계나 새 아이팟(나는 아이팟을 사용하지 않는데, 사실 내가 가진 새 휴대용 라디오도 이해하지 못한다), 새 전자레인지도 마찬가지이다.

물론 현대의 개인은 소외라는 이런 언짢은 경험을 보상하기 위해 희귀하고 값비싼 대상을 사들인다. 이국적인 꽃병, 그랜드피아노, 한정판 망원경 등을 구입해 오랫동안 쓰려고 하는 것이다. 그러나 사물과의 투명한 관계는 좀처럼 이루어지지 않고 죄책감만 커진다. 이런 사물은 아주 비싼데 그것에 투자할 시간이나 의지가 부족하기 때문이다. 이처럼 우리는 우리에게 낯선 환경 안에서 살아가고 움직이고 일을 하는 것이다.

ⓒ 자기 행위로부터의 소외

따라서 우리가 우리 자신의 행위로부터도 소외를 느끼기 시작하는 것은 의외가 아니다. 소외 감정의 반대가 (가령 특정 사람들과 더불어 또는 특정 행동을 하면서 특정 장소에서) '편안함'(집처럼 느낌)이라면 우리가 어떤 일을 할 때 편안함을 느끼지 못하는 경우가 잦아지는 것이다. 여기에서 소외는 두 가지 이유로 나타난다. 첫 번째는 방금 이야기한 기술적 생산물과 도구로부터의 소외와 관련된다. 근대의 삶에서 우리는 (과제 해결을 위해) 장치와 도구를 계속 다루어야 하는데, 우리는 그것을 다루는 법을 배운 적이 없고 그것을 진정 내 것으로 삼은 적이 없다. 내가 새로 장만한 넷북으로 이 글을 쓰는 도중에도 갑자기 커서가 움직이는 등 컴퓨터가 이상한 짓을 하는데 도대체 왜 그러는지 나는 알 길이 없다. 그래서 나는 가령 책 쓰기에 몰입할 때처럼 나 자신과 오롯한 '합일감'을 느낄 수 있는 몇 안 되는 행위에서조차 소외감을 느끼게 된다. 또한 나는 오늘 아침 빈에서 취리히로 가는 비행기를 타면서 내가 대처해야 하는 절차 및 과정에서 전혀 안정감을 느끼지 못했다. 세금신고서를 비롯해 내가 작성해야 하는 수많은 서류에 대해서도 마찬가지이다.

이런 소외는 대개 우리가 관계하는 사물에 대한 충분한 정보를 얻을 시간이 없어서 생긴다. 우리가 살펴보는 사용설명서, (특히 인터넷에서) 서명하는 계약서나 복용하는 약의 설명서는 "먼저 다음 설명을 주의 깊게 읽어 주십시오"라는 경고로 시작한다. 물론 사용설명서, 계약서나 '업무내역서', 의학 정보 등을 먼저 (낱낱히) 읽는 일은 **결코 없다.** 이런 과잉 정보는 근대 세계에서 우리가 느끼는 (우리가 이렇게 부르건 그렇지 않건 간에) 소외감의 원인 중 하나이다.

사소한 기술적 사물이나 자질구레한 결정만 그런 것이 아니라 인생의 중대한 결정도 마찬가지이다. 고등학교 졸업생이 어느 대학 어느 학과에 입학할지 고민하고 있다고 해 보자. 모든 안내서는 다음과 같이 공명정대한 충고를 똑같이 하고 있다. '먼저 여러분이 정확히 무엇을 원하는지, 그리고 그것을 얻기 위해 무엇이 필요한지 스스로 정하기 바랍니다. 그 다음 여러분이 찾는 교육과정을 제공하는 대학의 편람과 프로그램을 면밀하게 살펴보기 바랍니다.' 나무랄 데 없는 충고이다. 그러나 첫째로, 애초에 고등학교 졸업생들이 직면한 문제는 자신이 무엇을 필요로 하고 자기 삶에서 무엇을 하기를 원하는지 정확히 **모른다**는 것이다. 둘째, 전공을 결정한다고 해도 어느 내학이 이들이 필요로 하는 것을 제공하는지 알 수 없다. 셋째, 한평생이 주어져도 모든 프로그램을 샅샅이 연구하고 비교할 시간은 없다. 따라서 어쩔 수 없이 이들은 꺼림칙한 마음으로 시작한다. 완전한 정보를 가질 수 있고 가져야 함에도 불구하고 절반쯤만 알고 뛰어드는 것이다. 인생에서 기본적인 다른 결정도 마찬가지이다. 당신은 어떤 종교가 특정 이슈에 대해 어떤 말을 하는지, 따라서 어떤 종교가 당신의 욕구와 믿음에 가장 잘 맞는지에 대해서 완전한 정보를 가진 적이 있는가?[1] 당신은 자기와 꼭 맞는 배우자와 살고 있다고 확신하는가? 좀 더 낮은 차원에서 생각해 보면, 당신은 당신이 가질 수 있는 최선의 보험계약, 은행계좌, 에너지 공급자, 고령연금(혹은 부모를 위한 간병보험)을 가지고 있는가? 그렇게까지는 아니더라도 적어도 당신의 보험계약, 은행계좌, 고령연금이 그럭저럭 괜찮다고 확신하는가? 그렇지 않다면 이런 이슈를 다룰 때 어떻게 '편안함'을 느낄 수 있겠는가?

어떤 독자는 소외에 대해 이런 식으로 말하는 것이 별로 설득력이 없다고 여길지도 모르겠다. 나 역시 이것이 근대의 일상적 행동과 실천이 일어나는 세계에서 소외의 주원인이 아니라는 데 동의한다. 나는 앞에서 소외를 자신의 자유로운 결정과 의지로 행동함에도 불구하고 '진정으로 하기를 원하지는 않음'이라는 정서로 정의했다. 그렇다면 직장이나 가정에서의 평범한 하루를 생각해 보자. 우리는 컴퓨터를 켤 때에는 대개 쓸모 있고 중요하다고 정말로 생각하고 명백히 원하는 어떤 일을 하겠다는 (최선의) 의도를 가진다. 예를 들어 오늘 나는 가속과 소외에 대한 이 책을 쓰기 위해 이 컴퓨터를 켰다(사실 지금 당장 이 일을 하는 것을 **진정** 원하는지에 대해 그렇게까지 확신은 없다. 어쩌면 방금 산 U2 신작 음반을 듣고 싶은지도 모르겠

---

1 나는 이것이 신자가 자신의 종교에 대해 성찰하는 방식이 아님을 잘 알고 있다. 그들은 어떤 신을 선택하는 것이 아니라 (어떤) 신에 의해 선택된다. 이런 의미에서 종교적 관계는 실제로 여전히 '전근대적'이다.

다. 하지만 원고 마감이 거의 2년 넘게 지났다!). 그러나 글을 쓰기 전에 내가 평소 둘러보는 홈페이지 몇 군데를 잽싸게 서핑했다. CNN을 잠깐 보고, 분데스리가 축구 경기 결과를 확인하고, 프로그레시브 록 관련 최신 뉴스가 실리는 홈페이지를 살펴보았다. 내가 '진정' 이런 식으로 서핑하기를 원했는지는 확신하지 못한다. 그런 일을 할 때 찜찜한 느낌이 있었고, 이 희미한 불만은 내가 '깡충 뛰어' 사이트를 옮겨 다닐 때마다 심해졌다. 왜냐하면 사실 끝까지 읽은 기사가 하나도 없기 때문이다. 그럼에도 불구하고 당신은 이것이 나의 개인적 문제라고, 나의 의지박약 문제이지 사회의 소외 구조와는 무관하다고 말할 수도 있다. 그러면 나는 이렇게 대답하겠다. 이와 똑같은 언짢은 소외 경험은 수백만 명, 아니 수십억 명의 인터넷 사용자가 겪는 일이므로 나의 개인적 허약함으로 치부하기 어렵다고 말이다. 하지만 좋다. 일단 이런 비난을 감수하겠다. 그 다음부터 진짜 엉망이 되니 말이다. 나는 이메일을 체크한다. 그때부터 90분 이상이나 내가 진정 원하는 것이 아닌 일을 했다. 독자들은 내가 무슨 말을 하고 있는지 잘 알 테니 중언부언 늘어놓을 필요는 없을 것이다. 나는 책을 쓰기를 원했으나 그 대신 오만가지 파일과 답변을 보냈다. 그리고 그전에는 없던 온갖 슬픔과 근심이 내게 '옮았다.' 결국 책을 쓸 시간은 30분밖에 남지 않았다.

이처럼 우리가 '정녕 하기를 원하는' 것으로부터의 이런 '주의 분산'(그리고 산만함)은 기술이 개입하는 행위에서만 일어나는 것은 아니다. 노동의 거의 모든 영역에서 노동자(그리고 사용자)는 '핵심 업무'에 정말로 몰입할 시간이 줄어든다고 불평한다. 의사가 환자를 보는 시간, 교사가 학생을 가르치는 시간, 과학자가 연구로 보내는 시간 등도 마찬가지이다. 우리가 자신이 하기를 원하는 일을 끝내 하지 않는다는 주장의 근거는, (1부에서 살펴본 것처럼) 매년 '할 일 목록'이 삶의 전 영역에서 늘어나고 있다는 사실에 있다. '의무의 수사학'은 이러한 직관적 소외감을 매우 선명히 보여 준다. 우리는 자신이 하는 일을 정당화하기 위해 항상 '정말 당장 그 일을 해야 해(신문을 읽어야 해, 컴퓨터를 업데이트해야 해, 세금계산서를 써야 해, 새 옷을 사야 해 등)'와 같은 변명을 늘어놓는다. 이는 우리가 이런 행동을 얼마나 타율적으로 경험하는지를 뚜렷이 보여 준다. 나아가 이는 통계적으로 모든 선진국의 거의 모든 사회집단이 가장 하고 싶은 일을 할 '시간이 정말 없다'고 불평한다는 연구 결과에 부응한다(통계적 증거는 다음을 참조. Rosa 2005a, pp. 213-235). 그런데 흥미롭게도 하루 3시간 이상 텔레비전을 보거나 인터넷서핑을 할 시간이 있는 사람들도 이렇게 느낀다! 이 지점에서 만일 그렇다면 그들은 자기가 가장 좋아한다고 주장하는 것(가령 바이올린 연주, 도보 여행, 친구 방문, 바그너 오페라 관극 등)보다 실은 텔레비전 보는 것을 '진정' 좋아하는 거 아니냐고 반박할 수도 있겠다. 하지만 꼭 그렇지는 않다. 특정 행동을 할 때 느끼는 감정이나 향유를 측정한 연구를 보면 사람들은 어떤 일을 일단 하기 시작하면 실제로 더 즐기는데, 텔레비전 시청을 향유하고 만족을 느끼는 정도는 놀라울 만큼 낮다(다음을 참조하라. Kubey and

Csikszentmihalyi 1990). 이 연구 결과는 이렇게 해석할 수도 있다.[2] 즉, 사람들은 '진정으로 하기를 원하는' 일은 거의 안 하고 그 대신 (물론 전혀 강제가 없이) 실제로 그리 좋아하지 않는 일을 한다는 것이다. 그렇다면 이것은 위에서 정의한 소외의 사례에 가깝다. 사람들은 자신이 '진정으로' 원하지 않는 일을 자발적으로 한다.

자신의 행동으로부터의 소외에 있어서 이 새롭고 기이한 형태는 자가발전하는 경쟁 및 가속 논리에서 나오는 것이기도 하다. 속도의 명령이 지배하는 세계에서는 욕망의 장기적 발전(바이올린 연습)보다는 욕망의 단기적 실현(텔레비전 시청)을 추구하는 편이 낫다. 뿐만 아니라 위에서 내가 주장한 것처럼, 이런 세계에서는 실제로 사용할 재화보다는 또 다른 '가능성'과 선택지를 구매하는 쪽으로 이끌린다. '실제' 소비를 포기하고 그 대신 '쇼핑'을 늘려 보상하는 쪽으로 이끌리는 것이다. 가령 《카라마조프의 형제들》을 읽기 위해 시간을 내는 대신 《백치》 같은 도스토옙스키의 책을 한 권 더 산다. 이미 구입한 망원경을 어떻게 사용하는지 실제로 배우는 데 시간을 쓰기보다는(이것은 시간이 너무 든다. 망원경을 보려고 마음먹은 닷새 중 나흘은 구름이 시야를 가리고 닷새째는 얼어붙을 만치 춥다. 그 다음 엿새째는 몸이 좋지 않다. 이레째 밤에 드디어 망원경을 꺼내지만, 이 렌즈를 통해 보이는 하늘의 조그만 조각에서 달을 찾기도 어렵다는

---

2 이를 설명하려는 한 가지 시도는 Rosa 2005a, pp. 222를 참조하라.

것을 이내 알아차린다), 이론상으로는 이 망원경 렌즈에 조립할 수 있을 카메라를 새로 산다. 그래서 우리의 잠재적 능력, 선택지, 가용 자원은 줄곧 늘어나도 우리의 실제적 능력 혹은 '실현된' 능력은 갈 수록 줄어든다. 우리는 책, CD, DVD, 망원경, 피아노 등을 예전보 다 많이 소유하지만 소화하지는 못한다. '소화'는 시간이 너무 많이 들고 우리는 시간적으로 따라잡아야 한다는 초조함을 점점 더 느낀 다. 그래서 쇼핑을 늘려 이 실현되지 않은 소비를 보상한다. 경제에 는 좋은 일이겠지만 좋은 삶에는 나쁜 일이다. 여기가 '허위욕구'라 는 개념을 다시 끄집어낼 가장 좋은 지점이다.

우리는 자신이 무엇을 하기를 '정말' 원했는지, 그리고 자기가 어 떤 사람이기를 정말 원했는지 결국 잊어버리는 경향이 있다. 그리 하여 '할 일 목록'의 처리에 압도되고 (쇼핑이나 텔레비전 시청처럼) 즉각적 보상이 주어지는 소비 활동에 압도되어, 자신에게 '진정성 있는' 일 혹은 소중한 일에 대한 감각을 잃곤 한다. 외된 폰 호르바 트Ödön von Horvath가 표현한 대로, 나는 본래 지금과는 썩 다른 사람이지 만 단지 그럴 시간이 없을 뿐이라고 느낀다. 이것은 소외의 다른 두 가지 형태를 암시한다. 그것은 **자기소외**와 **시간으로부터의 소외**라는 매우 특수한 소외 형태이다. 후자에서 시작해 보자.

ⓓ 시간으로부터의 소외

주지하듯이, 시계의 시간은 객관적으로 측정할 수 있지만 시간의 경험, 시간의 '내적 지속'은 매우 포착하기 힘든 주관적 현상이다. 30분이라는 시간은 우리가 관련된 상황과 행위에 따라 눈 깜짝할 순간만큼 짧을 수도 있고 견딜 수 없을 만큼 길 수도 있다. 그러나 경험적 연구에 따르면, 우리의 내적 시간 경험에 있어서 상당히 일관적인(그리고 놀라운) 결과가 도출되었다. 우리는 스스로의 경험과 기억을 살펴봄으로써 '시간의 주관적 역설'이라는 현상을 손쉽게 확인할 수 있다. 그것은 **경험의 시간**과 **기억의 시간**이 서로 반대의 특질을 가짐을 뜻한다. 정말 좋아하는 일을 하면서 신선하고 집중적이고 자극적인 인상을 많이 받는다면 시간은 퍽 빠르게 지나간다. 하지만 하루를 마치며 돌이켜 보면 꽤나 **긴** 하루였다는 느낌을 가지지 않을 수 없다. 예를 들어, 휴가철에 스웨덴의 스톡홀름에서 프랑스의 리비에라 해안으로 여행을 한다고 상상해 보자. 아침 일찍 출발하여 페리를 타고 그 다음에는 비행기를 타고 뮌헨으로 간다. 그곳에서 잠깐 시내 관광을 하고 알프스에서 시간을 조금 보낸 다음 저녁에는 지중해 해변의 멋진 카페에 앉아 있다. 이날 잠자리에 들면서 기억을 더듬어 보면 스톡홀름에서 여행을 시작한 것이 이틀이나 사흘 전처럼 느껴질 것이다. 그래서 경험할 때는 빠르게 지나가는 (짧은) 시간이 기억에서는 늘어지는 (긴) 시간으로 변한다. 그 반대도 마찬가지이다. 역이나 관공서에서 지루한 대기 시간을 보내고 또 교통정체로 도로에서 시간을 보내는 하루를 생각해 보자. 기다리는 동안 시간은 끔찍하게 늘어나는 것처럼 느껴진다. 시곗바늘은 겨우 10분밖에 움직이지 않았지만 몇 시간 동안 앉아 있는 것 같다.

시간은 느리게 움직인다. 그러나 이런 하루를 보내고 잠자리에 누우면 마치 방금 잠에서 깬 듯 '아무 일 없이' 하루가 시난 것처럼 느껴진다. 경험할 때는 느리고 길었던 시간이 기억할 때는 매우 짧은 시간으로 변한다(다음을 참조. Flaherty 1999).

　여기까지는 그럭저럭 괜찮다. 그리 새로운 현상도 아니고 그렇게까지 몸서리나는 현상도 아니다. 그러나 이제 흥미진진한 일이 일어난다. 우리가 살고 있는 후기 근대의 미디어 세계에서는 이러한 '고전적인' 긺/짧음이나 짧음/긺 시간 경험은 차츰 새로운 시간 경험으로, 즉 흥미롭게도 '짧음/짧음' 패턴으로 대체된다. 당신이 집에 돌아와 텔레비전을 '잠깐만' 휙휙 돌려 보기로 했다고 하자. 그러다 몇 시간 동안 채널을 돌리며 텔레비전을 보거나, 아니면 정말 재미있는 스릴러 영화를 계속 볼 수도 있다. 그러면 앞서 말한 여행에서처럼 당신이 눈치 채지 못하는 동안 시간은 아주 빨리 지나간다. 바로 그 여행에서처럼 당신은 많은 자극을 받을 것이고 킬러가 길모퉁이를 도는 장면에서는 심장이 두근거릴지도 모른다. 그러나 텔레비전을 끈 뒤에도 시간은 (여행에서처럼) 늘어나기 시작하는 것이 아니라 점점 줄어들어 거의 없어질 지경이 된다. 이날 잠자리에 들면, 긺/짧음 경험에서와 똑같이 텔레비전을 본 시간은 증발해 버린다. 하루 종일 텔레비전만 봤다면 방금 잠에서 깬 것처럼 〔아무 일 없이 하루가 지난 것처럼〕 느낄 것이다. 여기에서는 짧음/짧음 패턴이 나타난다. 경험할 때 시간은 빠르게 지나가고 기억할 때는 수축된다.

　텔레비전을 볼 때만 그렇다면 그리 주목할 만한 일은 아니리라.

텔레비전 브라운관이 이상한 영향을 끼친다는 것쯤은 우리도 이미 알고 있으니까. 그러나 나의 주장은 짧음/짧음 패턴이 후기 근대 생활세계에서 자못 일반적이라는 것이다. 이와 같은 경험은 예컨대 인터넷 서핑이나 (몇 가지) 컴퓨터 게임을 할 때도 일어난다. 이런 시간 경험의 전도가 왜 일어나는지 잠시 살펴보자. 텔레비전과 여행의 차이는 두 가지이다. 첫째, 여행에는 우리의 모든 감각이, 신체적 경험의 모든 측면이 개입한다. 이에 비해 텔레비전 시청은 '탈감각화'된다. 우리는 고개도 거의 까딱하지 않은 채 시점이 매우 제한적인 두 눈으로만 모든 것을 본다. 우리의 피부나 코 같은 데에는 아무것도 지각되지 않는다. 둘째, 텔레비전을 볼 때(또는 컴퓨터 게임을 할 때) 우리가 몰두하는 이야기(들)는 탈맥락화된다. 이런 이야기는 우리가 누구인지, 우리가 어떻게 느끼는지와 무관하고 이야기 밖의 우리 삶과 무관하다. 이야기는 우리의 심리 상태 및 경험에 의미 있는 방식으로 '응답'하지 않는다. 그래서 이러한 활동을 하는 중에 우리는 행위나 경험의 '고립된 일화들' 안으로 돌입한다. 이런 일화는 뇌에 '기억 흔적'을 남기지 않는다. 이런 일화는 전체적인 우리 삶이나 우리의 정체성에 중요하지 않기 때문에, 그리고 우리의 과거 경험에 덧붙여지지 않기 때문에 우리는 곧바로 잊어버리곤 한다(그리고 잊어버려도 무방하다). 기억 흔적을 말소하는(혹은 아예 남기지 않는) 이러한 경향은 가속사회에서는 실로 매우 유용하다. 가속사회에서 경험이란 대개 시대에 뒤떨어지고 무용하며, 당신은 새롭고 예측할 수 없는 것에 항상 잘 준비되어 있어야 하기 때문이다. 그런

데 기억을 더듬을 때 시간이 짧게 느껴지는지 길게 느껴지는지를 결정하는 것은 바로 이러한 (심층) 기억 흔적의 존재 여부이다.

이런 생각이 올바르고 적절하다면, 후기 근대의 시간 경험이 일반적으로 짧음/짧음 경향을 지녔다고 진단할 이유가 충분하다. 우리가 관여하는 여러 행위와 맥락은 점점 산산이 흩어진다. 헬스클럽에 갔다가 놀이공원에 가고 식당과 영화관에 가고 동물원에 가고 학술대회나 업무 미팅에 참석하고 마트에 들르는 이 모든 활동은 행위와 경험의 고립된 일화들로서 통합적이고 의미 있는 방식으로 서로 연결되지 않는다. 마침내 우리는 거기에 있었던 일도 거의 기억하지 못한다.

사실 이것은 발터 벤야민이 거의 백 년 전에 발견한 경향이다. 그는 독일어에서 '체험Erlebnis'과 '경험Erfahrung'을 구별했다. 전자가 경험의 단편적 일화라면, 후자는 우리에게 흔적을 남기는 전체적 경험, 우리의 정체성 및 역사와 연결되는 중요한 경험, 즉 우리가 누구인지를 건드리고 변화시키는 경험이다. 벤야민은 이제 체험은 풍부하나 경험은 궁핍한 시대가 도래하고 있다고 주장한다. 우리는 기억을 둘러봄으로써 둘을 무난히 구별할 수 있다. 벤야민의 표현처럼, 우리는 경험의 단편적 일화를 기억하려면 '기념품' 같은 외적 기억 흔적을 필요로 한다. 그러나 '경험'이라는 의미에서 진정 겪은 일은 결코 잊지 않을 것이다. 그래서 벤야민은 근대의 관광객이 기념품을 모으는 것은 당연하다고 말한다. 나 역시 어떤 도시(혹은 어떤 학술대회)에 갔었는지 떠올리려고 일기를 뒤적이는 일이 잦다는 것을 실토하지 않을 수 없다. 나의 '내적 기억'이 아무 말도 해 주지 않기 때문이다.

그러나 벤야민이 예측하지 못한 것은, '새겨지고' 정서로 자리 잡은 기억 흔적이 아예 없다면 기념품도 제대로 기능하지 않는다는 점이다. 당신은 첫사랑을 상기시키는, 혹은 첫 해외여행을 상기시키는 기념품이나 사진을 간직하려 할 것이다. 그러나 이 모든 기념품과 사진을 모으다가 점차 싫증이 난다. 이들이 아무 말도 건네지 않기에 당신은 여전히 '차갑다.' 이것들은 내 안의 어떤 것을 불러일으킬 힘이 없다. 지금의 우리에게 전혀 의미 없는 경험 일화들의 외적 흔적이기 때문이다. 따라서 벤야민이 내다본 것처럼, 우리에게 경험 일화들은 점점 풍부해지지만 경험은 점점 궁핍해진다. 그 결과 시간은 '양쪽 모두에서' 질주하는 것처럼 느껴진다. 시간은 경험할 때 빨리 지나가고 기억할 때는 사라져 버린다. 이것은 후기 근대에서 시간의 가속에 대한 핵심적 설명일 수도 있다. 우리의 행위와 상품에서와 마찬가지로 '시간의 전유'도 결여된다. 우리는 우리 경험의 시간을 '우리' 시간으로 만들 수 없다. 경험 일화, 그리고 거기에 바쳐진 시간은 우리에게 **낯설다.** 이처럼 자신의 행위 및 경험을 전유하지 못하는 것은 더 심각한 형태의 **자기소외**를 야기할 수밖에 없다.

ⓔ 자신과 타자로부터의 소외

그래서 어떤 의미로는 가속으로 인해 먼저 통합적 삶이 허물어지고, 그 다음에는 무언가에 대한 헌신이 약해진다. 우리는 행위 및 경험의 일화들(그리고 우리가 구입한 상품들)을 하나의 총체적 삶으로 통합하지 못하게 된다. 그 결과 점점 더 삶의 시공간으로부터, 행동과 경험으로부터, 그리고 더불어 살고 일하는 사물로부터 떨어지고 분리된다. 이런 일이 이제 사회적 세계에서도 일어나는 것은 뜻밖의 일이 아니다. 케네스 거겐이 설득력 있게 주장한 것처럼, 후기 근대의 자아는 다른 사람을 짧은 시간 동안 (대중교통에서, 전화와 이메일 등으로) 너무 많이 만나기 때문에 완전히 '포화'된다.

대면 공동체에서 타인들이 맡은 배역은 비교적 안정적이다. 출생과 사망으로 인한 변동은 있으나 (한 나라에서 다른 나라로 이사하는 일은 고사하고) 한 도시에서 다른 도시로 이사하는 일도 쉽지 않다. 오늘날 세계에서 맺는 관계의 수는 일반적으로 이와 크게 대조된다. 자기 가족, 텔레비전 아침 뉴스, 자동차 라디오, 기차를 탄 동료, 지역신문 등도 계산에 넣는다면 전형적인 통근자가 아침 두 시간 동안 (직접 보거나 이미지를 통해) 만나는 사람의 수는 공동체에 기초한 예전 사람들이 한 달 동안 만난 사람들의 수와 비슷할 것이다(Gergen 2000: 62).

20세기의 기술들 때문에 우리가 맺는 관계의 수와 종류, 접촉의 잠재적 빈도, 관계의 명시적 강도, 시간적 지속성 등은 모두 점점 늘어나고 있다. 이들이 극단적으로 늘어남에 따라 우리는 사회적 포화 상태에 이른다(Gergen 2000: 61, 49쪽 이하도 참조).

그 결과 진실로 서로 '관계함'이 구조적으로 어려워진다. 당신은 비록 시간이 부족하더라도 다른 사람과 정보를 교환하고 도구적 관점에서 서로 협력할 수는 있을 것이다. 좋다, **한 잔 하자**. 하지만 개인적인 이야기를 나누거나 진정한 "공명축들"(Taylor 2007)이라는 의미에서의 깊은 관계를 맺는 일은 피하자. 깊은 관계를 맺는 데는 시간이 너무 많이 들고 또 이런 관계를 푸는 것도 고통스럽다. 이런 일은 모두 빠르게 변하는 만남의 세계에서는 문제를 일으키기 쉽다.

지금까지 살펴본 바에 따라, 자기소외가 후기 근대의 가속사회에서 절박한 위험임은 자명하다. 우리가 시간과 공간으로부터, 자신의 행동과 경험으로부터, 그리고 상호작용하는 상대로부터 소외된다면 깊은 자기소외의 감각을 가지지 않기 어렵다. 공동체주의자인 찰스 테일러를 비롯한 많은 사람들이 이른바 자유주의와 공동체주의의 논쟁에서(그리고 그 이전의 많은 다른 논쟁에서) 설득력 있게 주장한 것처럼, 우리의 자아 감각은 우리의 행동·경험·관계에서 생겨나고 우리가 사물의 세계를 포함한 사회적 세계와 시공간적 세계에서 어느 장소에 놓이는지(그리고 어느 장소에 스스로를 놓는지)에서 생겨난다(다음을 참조하라. Rosa 1998, 2005: 352쪽 이하). 우리가 행하고 겪는 행동과 경험의 모든 일화, 우리가 지닌 모든 선택지, 우리가 아는 사람들과 우리가 얻은 물건들은, 우리가 스스로에 대해 말하는 다채로운 서사의 재료이며 정체성을 규정하는 데 소용될 다양한 이야기의 재료이다. 그러나 이런 이야기를 진심으로 전유하지 않는다면 설득력을 가지기 힘들다(따라서 우리가 다른 사람의 인생 이야기를 듣는 것을 저어함은 놀랍지 않다). 자신이 누구이고 어떻게 느끼는가는 자신을 둘러싼 맥락에 의존하는데, 이제 우리는 이런 맥락을 자신의 경험과 행동에 통합시키지 못한다. 이는 알랭 에른베르(1999: 다음도 참조. Rosa 2005a: 388쪽 이하)가 주장하듯 쉽사리 '자아의 소진', 그리고 심지어 **탈진증후군**과 **우울증**을 야기한다. 해리 프랑크퍼트Harry Frankfurt(1988)의 말처럼 "우리가 마음 쓰는 것의 중요성"이야말로 우리의 정체성을 이루는 것이라면 이러한 감각의 상실, 중요성과 방향성에서 항상적 위계의 와해는 우리 자신과의 관계를 왜곡시킬 수밖에 없다. 세계로부터의 소외와 자아로부터의 소외는 서로 분리된 두 가지 일이 아니라 동전의 양면을 이룬다. 자아와 세계 사이의 '공명축들'이 침묵하면 이러한 소외가 지속된다.

결론

이 책에서 후기 근대의 삶에 대한 설명
은 꽤 일방적이고 편향되었다. 전체적으로 이 책은 속도의 이익과
기회는 등한시하고 그 위험과 곤경을 강조한다. 나아가 소외라는
핵심 관념은 여전히 개념적으로 애매하고 철학적으로 충분히 전개
되지 않았다. 애초 이 시론의 목표는 비판이론의 새로운 형태를 완
전무결하게 제시하는 것이 아니라, 두 가지 측면에서 그리로 가는
길을 닦고 토대를 놓는 것이었다. 첫째, 나는 독자가 (후기) 근대사
회의 시간 구조에 대한 포괄적 분석과 비판이 필요함을 납득했기를

바란다. 둘째, 나는 현대 비판이론에 소외 개념을 다시 도입할 가능성을 보여 주고자 했다. 소외 개념을 재도입하려면 인간의 **본성**이나 **본질**이라는 본질주의적 개념으로 퇴행하지 않아야 한다. 우리는 속도의 독재에 의해 우리의 변화하지 않고 소외되지 않는 어떤 내적 본질로부터 소외되는 것이 아니라, 세계를 전유하는 우리의 능력으로부터 소외되는 것이다.

예를 들어, 후기 근대의 소비자–시민인 우리는 전유의 결핍을 더 많은 상품의 구입으로 보상하면서 소비와 구입을 혼동한다. 이는 소외와 허위욕구에 대하여, 온정주의와 완벽주의에서 벗어난 현대적 비판의 발판으로 기능할 수 있다. 사회이론가는 '우리의' 진정한 욕구를 신비적인 방식으로 알고 있는 것이 아니라, 소비자–주체 자신이 드러낸 불만과 보상의 방식을 특히 주의 깊은 내성內省을 통해 분석한다. 나아가 '시간이 야기한 소외'에 대한 비판은 어떠한 내재적 긴장, 갈등, 분리도 없는 온전한 주체성이라는 그릇된 이상을 전제하지 않는다. 헬무트 플레스너Helmuth Plessner부터 아도르노를 거쳐 현대의 포스트구조주의자에 이르기까지, '참된 진정성'이라는 이상에 비판을 가해 왔다. 이러한 비판이 설득력 있게 주장해 온 것처럼, 정치적이고 문화적으로 소외를 제거하려는 시도는 철학·문화·정치의 전체주의적 형태, 그리고 인격의 전체주의적 형태를 빚는다.

그렇다. 인간의 주체성은 불가피하게 탈중심화되고 분열되어 있으며, 긴장으로 가득하고 숱한 욕구 및 평가들 사이의 해소되지 않는 갈등을 겪는다. 여기에 더해 후기 근대에는 속도, 경쟁, 기한의 독재로부터 두 가지 딜레마가 발생한다. 이로부터 새로운 형태의 소외가 생겨나며 이에 대한 사회직 비판을 수행해야 한다는 우리의 판단이 정당함을 알 수 있다. 첫 번째 딜레마는 이러한 독재로 인해 생겨나는 행동 및 경험의 패턴들이 이제 주체의 가치나 욕구로 이루어지지 않고 주체에게 계속 '낯선 것'으로 남는다는 점이다. 두 번째 딜레마는 가톨릭교회와 같은 여타 유형의 사회문화적 체제와 달리, 후기 근대의 환경은 '화해'라는 관념이나 제도를 제공하지 않는다는 것이다. 모든 실패와 결점은 곧바로 개인에게 영향을 미친다. 만일 우리가 경주에서 낭패를 보거나 탈락한다면 이는 오로지 우리의 허물이다. 이것의 결과는, 후기 근대의 가속 환경에서 주체는 점점 자기 삶의 다양한 시간적 지평을 수용하거나 조정할 수 없게 된다는 것이다. 우리가 일상적 행동의 유형, 구조, 지평, 기대에 숙달되어 있더라도 이것들은 점차 전체적 삶의 기대와 지평으로부터, 우리 인생 계획의 시간적 관점으로부터 떨어져 나온다. 나아가 앞서 지적한 것처럼, 우리의 개인적 시간 구조가 (우주적 시간은 고사하고) 역사적 시간에서 우리의 위치와 연결되어 있다는 소중한 감각이 결핍된다.

그러므로 나는 사회의 시간 구조에 대한 비판과, 사회를 가속하는 동력과 그 결과인 소외에 대한 비판이 비판이론의 여러 미래 중에서 으뜸이라고 생각한다. 특징을 속속들이 분석하기에는 너무 빠르고 불안정해진 이 세계에서 이러한 비판이야말로 유일한 합리적 선택지로 보이기까지 한다. 이 세계는 포착하기가 너무 힘들어서 계획적·정치적으로 형성하기도 힘들고 합리적으로 재구성하고 인식론적으로 전유하기도 어렵다. 이것은 소외의 원인이 아니라 결과이다. 그리고 소외의 핵심은 후기 근대의 자아-세계 관계의 철두철미한 (시간적) 왜곡이다.

후기 근대의 주체에게 (자아를 포함해) 세계는 침묵하고 냉랭하고 무관심하고 심지어 불쾌하다. 자아-세계 관계에서 소외에 '상반'되는 것이 '응답'임을 감안하면, 이런 현상이야말로 가장 철저한 소외 형태이다. 물론 우리에게 필요한 것은 **소외되지 않은** 삶의 형태가 어떤 것인지에 대한 주도면밀한 설명일 것이다. 지금 나는 이러한 설명의 초안도 내보일 수 없지만, 근대에 대한 비판적 사회 분석의 '병리' 진단에서 세계의 '말없음', 자아와 세계 관계에서의 '귀먹음'이야말로 가장 집요하고 가장 위험한 문제임을 확신한다. 우리가 세계를 향해 소리치고 결코 오지 않을 응답을 기다리고 있다는 생각은 카뮈Albert Camus의 부조리에 대한 실존주의적 설명의 뿌리이다. 나아가 이 생각은 초기 마르크스의 소외 개념, 베버의 탈주술화 명제, 뒤르켐의 아노미 분석, 루카치György Lukác(그리고 마르쿠제나 호네트)의 사물화 분석, 도구적 이성의 철저한 지배에 대한 아도르노와 호르크하이머의 공포 등에서도 두드러지는 것이다.

아도르노가 제시하는 해독제인 미메시스는 자아와 세계 사이의 '응답적' 상호 접근이라는 대항관념으로 정의될 수 있다. 서양사에서는 세계를 '응답'시키기 위한 거대한 문화 형태가 두 가지 있었다. 저 바깥의 응답하는 신(들)을 제시하는 **종교**, 그리고 낭만주의의 표현에 따르면 세계가 노래로 응답하도록 깨우는 **예술**(문학, 그리고 특히 음악)이 그것이다.[1] 그러므로 후기 근대의 '종교로의 귀환', 그리고 일상생활의 총체적 '음악화'(모든 마트, 엘리베이터, 공항에서 노래가 흐른다. 또 공공장소에서 점점 많은 사람이 이어폰을 끼고 있다. 이는 '자기 공명'의 경험을 자극하려는 것이지만 이런 행동은 바로 주변 환경에 대한 철저한 공명 거부를 보여 준다)가 지닌 매우 특이한 성격은 바로 후기 근대에 나타나는 공명 재난의 징후이다.

이로부터 '좋은 삶'의 어떤 관념이 따라온다. 좋은 삶이란 결국 다층적 '공명' 경험이 풍부한 삶, 찰스 테일러의 표현을 재차 차용한다면 두드러진 '공명축들'을 따라 함께 울리는 삶이라는 것이다. 이런 축들은 주체가 사회적 세계, 객관적 세계, 자연, 노동 등과 맺는 관계에서 생겨난다. 이런 의미에서의 **공명**은 '소외 아닌 것'이다. 물론 이는 인지적이기보다는 실존주의적이거나 정서적인 관념이다. 세계가 우리에게 공명하는지 여부는 자아-세계 관계를 개념화할 때의 인지적 **내용**에 크게 좌우되지 않는다. 너그러운 신이나 '심오한' 마술적 자연에 대한 이야기가 설득력이 있거나 매력적인지 여부는 오히려 우리의 인지 이전의 '세계내존재'에 좌우된다. 만일 이 세계가 마음을 끌지 않고 냉담하고 무관심하게 느껴진다면 이런 이야기는 신

---

1 "저기 내내 꿈꾸는 모든 것들에는 노래가 잠들어 있으니 세계가 노래하기 시작하면, 그대, 마법의 말을 만나리." 요제프 프라이헤어 폰 아이헨도르프Joseph Freiherr von Eichendorff 의 이 단시는 독일 낭만주의에서 으뜸가는 (그리고 가장 널리 인용되는) 사례이다.

빙성을 잃는다. 물론 우리의 자아-세계 관념의 인지적 구조 역시 우리가 세계를 어떻게 경험하는가에 분명 영향을 미친다. 가령 당신이 악령이 도처에 도사리고 있다고 믿는다면 이 세계가 적대적 장소로 느껴질 것이다. 인간 존재의 단 하나의 목표가 자신의 선호와 유용성을 (도구적으로) 충족하는 것이라는 **합리적 선택** 이론을 믿는다면, 당신에게 세계가 궁극적으로 '침묵'한다고 해도 의외가 아니다.

물론 아직 이것은 한낱 사변이지만, 나는 이 사변이 가속과 소외에 대한 비판이론의 향후 연구를 자극할 만큼 충분히 흥미롭다고 생각한다.

Appadurai, Arjun (1990), Disjuncture and Difference in the Global Cultural Economy. In: M. Featherstone, *Global Culture: Nationalism, Globalization and Modernity*. London: Sage Publication Ltf.

Aranson, Johann (2001): Autonomy and Axiality, in J. P. Arnason and P. Murphy (Eds.): *Agon, Logos, Polis: The Greek Achievement and its Aftermath*, Stuttgart: Franz Steiner pp. 155-206.

Augé, Marc (1992), *Non -Lieux. Introduction à une anthropologie de la surmodernité*. Paris: Verso.

Baier, Lothar (2000), *Keine Zeit! 18 Versuche über die Beschleunigung*. München: Kunstmann.

Baudrillard, Jean (1994), *The Illusion of the End*, Oxford: Polity.

Bauman, Zygmund (2000), *Liquid Modernity*. Cambridge: UK:Polity Press.

Beck, Ulrich/Anthony Giddens/Scott Lash (1997), *Refiexive Modernization: Politics, Tradition and Aesthtics in the Modern Social Order*. Cambridge: Polity Press.

Benthaus-Apel, Friederike (1995), *Zwischen Zeitbindung und Zeitautonomie. Eine empirische Analyse der Zeitverwendung und Zeitstruktur der Werktags-und Wochenendfreizeit*. Wiesbaden: Deutscher Universitats-Verlag.

Blumenberg, Hans (1986), *Lebenszeit und Weltzeit*. Frankfurt/M.: Suhrkamp.

Bonus, Holger (1998), Die Langsamkeit der Spielregeln . In K. Backhaus, & H. Bonus (Ed.), *Die Beschleunigungfalle oder der Triumph der Schildkröte*. Stuttgart: Schäffer/ Pöschel, pp. 41-56.

Conrad, Peter (1999), *Modern Times and Modern Places. How Life and Art were Transformed in a Century of Resolution, Innovation and Radical Change*. New York: Alfred A. Knopf.

Dörre, Klaus (2009): Die neue Landnahme. Dynamiken und Grenzen des Finanz- marktkapitalismus, in: K. Dörre, S. Lessenich and H. Rosa, *Soziologie, Kapitalismus, Kritik. Eine Debatte*. Frankfurt/M: Suhrkamp, pp. 15-57.

Eberling, Matthias (1996), *Beschleunigung und Politik*. Frankfurt/M. u. a.: Peter Lang.

Ehrenberg, Alain (1999), *La fatigue d'être soi. Dépression et société*. Paris: Odile Jacob.

Eriksen, Thomas Hylland (2001), *Tyranny of the Moment. Fast and Slow Time in the Information Age*. London/Sterling, Virginia: Pluto Press.

Flaherty, Michael G. (1999), *A Watched Pot. How We Experience Time*. New York:

New York University Press.

Frankfurt, Harry (1988): *The Importance of What We Care About. Philosophical Essays.* Cambridge: Cambridge University Press

Fukuyama, Francis (1992), *The End of History and the Last Man.* New York: The Free Press.

Garhammer, Manfred (1999), *Wie Europäer ihre Zeit nutzen. Zeitstrukturen und Zeitkulturen im Zeichen der Globaliserung.* Berlin: Edition Sigma.

Geißler, Karlheinz (1999), *Vom Tempo der Welt. Am Ende der Uhrzeit.* Freiburg: Herder.

Gergen, Kenneth (2000), *The Saturated Self. Dilemmas of Identity in Contemporary Life.* New York: Basic Books.

Gertenbach, Lars & Rosa, Hartmut (2009), Kritische Theorie. In L. Gertenbach, H. Kahlert, S. Kaufmann, H. Rosa & C. Weinbach, *Soziologische Theorien*, Fink: Paderborn, pp. 173-254.

Giddens, Anthony (1994), *Consequences of Modernity.* Cambridge: Polity Press.

Gleick, James (1999), *Faster. The Acceleration of Just About Everything.* New York: Pantheon Books.

Glotz, Peter (1998), Kritik der Entschleunigung . In K. Backhaus, & H. Bonus (Eds.), *Die Beschleunigungsfalle oder der Triumph der Schildkröte*, (3rd extendet edition). Stuttgart: Schäffer/Pöschel, pp. 75-89.

Gronemeyer, Marianne (1996), *Das Leben als letzte Gelegenheit. Sicherheitsbedürfnisse und Zeitknappheit*, (2nd edition). Darmstadt: Wissenschaftliche Buchgesellschaft.

Gurvich, Georges (1963), Social Structure and the Multiplicitiy of Time . In E. A. Tiryakian (Ed.), *Sociological Theory, Values, and Sociocultural Change.* Glencoe: The Free Press, pp. 171-185.

Habermas, Jürgen (1984), *The Theory of Communicative Action, Vol. 1. Reason and the Rationalization of Society.* Transl. by Thomas McCarthy. Cambridge: Polity Press.

_____ (1989), *The Theory of Communicative Action, Vol. 2. Lifeworld and System. A Critique of Functionalist Reason.* Transl. by Thomas McCarthy. Cambridge: Polity Press.

_____ (1992), Drei normative Modelle der Demokratie. Zum Begriff der deliberativer Politik . In H. Münkler (Ed.), *Chancen der Freiheit. Grundprobleme der Demokratie.* München: Piper, pp. 11-24.

Habermas, Tilmann (1999), *Geliebte Objekte. Symbole und Instrumente der Identitäts-bildung.* Frankfurt/M.: Suhrkamp.

Hall, Edward T. (1973), *The Silent Language.* New York: Anchor Books.

Harvey, David (1990), *The Condition of Postmodernity. An Enquiry into the Origins of Cultural Change.* Cambridge, Mass./Oxford: Blackwell.

_____ (1999), *The Limits to Capital*. London/New York: Verso.

Honneth, Axel (1994), *Pathologien des Sozialen*. Frankfurt/M.: Fischer-Taschenbuch-Verlag.

_____ (1996), *The Struggle for Recognition. The Moral Grammar of Social Conflicts*, transl. by Joel Anderson, Cambridge/Mass.: MIT-Press.

_____ (2003), Organisierte Selbstverwirklichung. Paradoxien der Individualisierung. In: A. Honneth (Ed.), *Befreiung aus der Mündigkeit. Paradoxien des gegenwärtigen Kapitalismus*. Frankfurt/M.: Campus, pp. 141-158.

_____ (2007), *Pathologien der Vernunft. Geschichte und Gegenwart der Kritischen Theorie*, Frankfurt/M.: Suhrkarnp.

Jaeggi, Rahel (2005), *Entfremdung. Zur Aktualität eines sozialphilosophischen Problems*. Frankfurt/M.: Campus.

Jahoda, Marie (1988), Time: a social psychological perspective. In M. Young, & T. Schuller (Ed.), *The Rythms of Society*. London/New York: Routledge, pp. 154-172.

Jameson, Fredric (1994), *The Seeds of Time*. New York: Columbia University Press.

Kohli, Martin(1990), Lenbenslauf und Lebensalter als gesellschaftliche Konstruktionen: Elemente zu einem interkulturellen Vergleich. In G. M. Elwert, M. Kohli, & H. K. Müller (Ed.), *Im Lauf der Zeit. Ethnographische Studien zur gesellschaftlichen Konstruktion von Lebensaltern*. Saarbrücken u. a.: Breitenbach, pp. 11-32.

Koselleck, Reinhart (2009). Is There an Acceleration of History?. In H. Rosa, & W. Scheuerman, *High-Speed Society. Social Acceleration, Power and Modernity*. Pennsylvania: Pennsylvania State University, pp. 113-134.

Kraus, Wolfgang (2002). Falsche Freunde. In J. Straub, & J. Renn (Ed.), *Transitorische Identität. Der Prozesscharakter des modernen Selbst*. Frankfurt am Main/New York: Campus, pp. 159-186.

Kubey, Robert & Csikszentmihalyi, Mihaly (1990), *Television and the Quality of Life. How Viewing Shapes Everyday Experience*. Hillsdale, New Jersey: Lawrence Erlbaum Associates.

Laslett, Peter (1988), Social Structural Time: An Attempt at Classifying Types of Social Change by Their Characteristic Paces. In M. Young, & T. Schuller (Ed.), *The Rythms of Society*. London/New York: Routledge, pp. 17-36.

Levine, Robert (1997), *A Geography of Time: The Temporal Misadventures of a Social Psychologist, or How Every Culture Keeps Time Just a Little Bit Differntly*. Basic Books.

Lindner, Staffan B. (1970). *The Harried Leisure Class*. New York: Columbia University Pess.

Lübbe, Hermann (1998), Gegenwartsschrumpfung. In K. Backhaus, & H. Bonus, *Die Beschleunigungsfalle oder der Triumph der Schildkröte*, (3rd extended edition).

Stuttgart: Schäffer/Pöschel, pp. 129-164.

_____ (2009). The Contraction of the Present. In H. Rosa, &W. Scheuerman, *High-Speed Society. Social Acceleration, Power and Modernity*. Pennsylvania: Pennsylvania State University, pp. 159-178.

Müller, Hans-Peter & Schmid, Michael(1995) (Eds.), *Sozialer Wandel. Modellbildung und theoretische Ansätze*. Frankfurt/M.: Suhrkamp.

Myerson, George (2001), *Heidegger, Haberrmas and the Mobile Phone*. Cambridge: Icon Books.

Nullmeier, Frank(2000), *Politische Theorie des Wohlfahrtsstaats*, Frankfurt/M. and New York: Campus.

Osten, Manfred (2003), *'Alles veloziferisch' oder Goethes Entdeckung der Langsamkeit*. Frankfurt/M.: Insel.

Reheis, Fritz (1996), *Kreativität der Langsamkeit. Neuer Wohlstand durch Entschleunigung*, Dramstadt: Wissenschaftliche Buchgesehschaft.

Robinson, John & Godbey, Goeffrey (1996). The great American slowdown. In *American Demographics* (June), pp. 42-48.

_____ (1999). *Time for Life. The Surprising Ways American Use Their Time* (2nd edition). University Park: Pennsylvania State University Press.

Rosa, Hartmut (1998), *Identität und kulturelle Praxis. Politische Philosophie nach Charles Taylor*. Frankfurt/M.: Campus.

_____ (2001), Temporalstrukturen in der Spätmoderne: Vom Wunsch nach Beschleunigung und der Sehnsucht nach Langsamkeit. Ein Literaturüberblick in gesellschaftstheoretischer Absicht. *Handlung, Kultur, Interpretation, no. 2* (vol. 10), pp. 335-381.

_____ (2002). Zwischen Selbstthematisierungszwang und Artikulationsnot? Situative Identität als Fluchtpunkt von Individualisierung und Beschleunigung. In J. Straub, & J. Renn (Hrsg.), *Transitorische Identität. Der Prozesscharakter des modernen Selbst* (S. 267-302). Frankfurt am Main/ New York: Campus.

_____ (2003), Social acceleration. Ehtical and political consequences of a desynchronized high-speed society. *Constellations. An International Journal of Critical and Democratic Theory*, 10, pp. 3-52.

_____ (2005a), *Beschleunigung. Die Veränderung der Zeitstrukturen in der Moderne*. Frankfurt/M.: Suhrkamp.

_____ (2005b), The Speed of Global Flows and the Pace of Democratic Politics. In *New Political Science* (Vol. 27), pp. 445-459.

_____ (2006), Wettbewerb als Interaktionsmodus. Kulturelle und sozialstrukturelle Konsequenzen der Konkurrenzgesellschaft. *Leviathan-Zeitschrift für Sozialwissenschaften*, 34, pp. 82-104.

_____ (2007), The universal underneath the multiple: Social acceleration as a key to understanding modernity. In V. H. Schmidt (Ed.), *Modernity at the Beginning of the 21st Century*. Newcastle: Cambridge Scholar Publishing, pp. 37-61.

_____ (2009), Kritik der Zeitverhältnisse. Beschleunigung und Entfremdung als Schlüsselbegriffe der Sozialkritik. In R. Jaeggi, & T. Wesche (Eds.), *Was ist Kritik?*. Frankfurt/M.: Suhrkamp, pp. 23-54.

_____ (2009b), Beschleunigung und Depression. Überlegungen zum Zeitverhältnis der Moderne. In: B. Hildenbrand & U. Borst (Eds.), *Zeit und Therapie*, Stuttgart: Klett- Cotta [in print].

Rosa, Hartmut & Scheuerman, William (2009) (Eds.), *High-speed society. Social acceleration, power and modernity*. Pennsylvania: Pennsylvania State University.

Rosa, Hartmut, Strecker, David & Kottman, Andrea (2007), *Soziologische Theorien*. Konstanz: UVK Verlagsgesellschaft.

Schacht, Richard (1971), *Alienation*, Garden City: Anchor Books.

Scheuerman, William E. (2004), *Liberal Democracy and the Social Acceleration of Time*. Baltimore/London: Johns Hopkins University Press.

Schivelbusch, Wolfgang (2000), Geschichte der Eisenbahnreise. Zur Industrialisierung von Raum und Zeit im 19. Jahrhundert. Frankfurt/M.: Fischer.

Schmied, Gerhard (1985), *Soziale Zeit. Umfang, 'Geschwindigkeit', Evolution*. Berlin: Duncker & Humblot.

Schulze, Gerhard (1994), Das Projekt des schönen Lebens. Zur soziologischen Diagnose der modernen Gesellschaft. In A. Bellebaum & K. Barheier, *Lebensqualität. Ein Konzept für Praxis und Forschung*. Opladen: Westdeutscher Verlag, pp. 13-39.

Seiwert, Lothar (2000), *Wenn Du es eilig hast, gehe langsam. Das neue Zeitmanagment in einer beschleunigten Welt*. Frankfurt am Main/NewYork: Campus.

Sennett, Richard (1998), *Der flexible Mensch. Die Kultur des neuen Kapitalismus*. Berlin: Berlin Verlag.

Simmel, Georg (1971), *The Metropolis and Mental Life*. (D. Levine, Ed.) Chicago: University of Chicago Press.

_____ (1978), *The Philosophy of Money*. (D. Frisby, Ed.) London: Routledge.

Sztompka, Pjotr (1994), *The Sociology of Social Change*. Oxford: Blackwell.

Taylor, Charles (1985), Legitimation crisis? In Ch. Taylor, *Philosophy and the Human Science*. Philosophical Papers 2. Cambridge: Cambridge University Press, pp. 248-288.

_____ (1989), *Sources Of the Self. The Making of The Modern Identity*, Cambridge/MA: Harvard University Press.

_____ (2007), *A Secular Age*. Cambridge, Massachusetts, and London, England: The Belknap Press of Harvard University Press.

Turkly, Sherry (1995), *Life on the Screen: Identity in the Age of the Internet*. New York: Simon & Schuster.

Virilio, Paul (1997), *Open Sky*. London/New York: Verso.

_____ (1998), Polar Inertia, in: James Der Derian (Ed.), *The Virilio-Reader*, Oxford: Blackwell, pp.117-133

_____ (2006). *Speed and Politics: An Essay on Dromology*. Los Angeles: Semiotext(e).

Wagner, Peter (1994), *A Sociology of Modernity: Liberty and Discipline*. London: Routledge.

Weber, Max (1930), *The Protestant Ethic and the Spirit of Capitalism*, London: Unwin.

소외와 가속

2020년 11월 30일 초판 1쇄 발행

지은이 l 하르트무트 로자
옮긴이 l 김태희
펴낸이 l 노경인 · 김주영

펴낸곳 l 도서출판 앨피
출판등록 l 2004년 11월 23일 제2011-000087호
주소 l 우)07275 서울시 영등포구 영등포로 5길 19(양평동 2가, 동아프라임밸리) 1202-1호
전화 l 02-336-2776 팩스 l 0505-115-0525
블로그 l bolg.naver.com/lpbook12
전자우편 l lpbook12@naver.com

ISBN 979-11-90901-07-9